Wilhelm Bode
Goethes Weg zur Höhe

SEVERUS

Bode, Wilhelm: Goethes Weg zur Höhe
Hamburg, SEVERUS Verlag 2012
Nachdruck der Originalausgabe von 1923

ISBN: 978-3-86347-276-4
Druck: SEVERUS Verlag, Hamburg, 2012

Der SEVERUS Verlag ist ein Imprint der Diplomica Verlag GmbH.

Bibliografische Information der Deutschen Nationalbibliothek:
Die Deutsche Nationalbibliothek verzeichnet diese Publikation in der Deutschen Nationalbibliografie; detaillierte bibliografische Daten sind im Internet über http://dnb.d-nb.de abrufbar.

© **SEVERUS Verlag**
http://www.severus-verlag.de, Hamburg 2012
Printed in Germany
Alle Rechte vorbehalten.

Der SEVERUS Verlag übernimmt keine juristische Verantwortung oder irgendeine Haftung für evtl. fehlerhafte Angaben und deren Folgen.

seVerus

Goethes Weg zur Höhe

Von

Wilhelm Bode

Inhalt.

		te
I.	Der Türmer Lynkeus	1
II.	Das Geheimnis der Genialität	9
III.	Goldne Früchte	25
IV.	Die Frömmigkeit des Betrachtenden	36
V.	Die Arbeit	43
	Anmerkungen	53

I.
Der Türmer Lynkeus.

Als wir Goethe zuerst kennen lernten, wie war's? Wir standen als Kinder vor einem Bücherschranke und sahen die Reihen gleicher Einbände. "Das hier sind Schillers Werke, dieser eine Band daneben ist Theodor Körner, und diese lange, lange Reihe, Das ist Goethe. Das sind Sämtliche Werke von Johann Wolfgang v. Goethe." Wir staunten. Später sahen wir, was alles in diesen Bänden gedruckt war: Gedichte, Tausende von Gedichten! Sprüche, Erzählungen in Versen, Trauerspiele, Schauspiele, Lustspiele, Singspiele, Romane, Novellen, Lebenserinnerungen, Reisebeschreibungen, Bücheranzeigen, literarische Abhandlungen, sittliche Betrachtungen, Erörterungen über bildende Kunst, Übersetzungen, dann Aufsätze über Farbenlehre, Erdgestaltung, Steinkunde, Entwicklung der Pflanzen und Tiere, Wetterkunde. Dieser Goethe schien in allen Wissenschaften und Künsten, in allen Ländern und Zeiten daheim zu sein! Und doch sind die vielen Bände noch längst nicht alle seine Geisteswerke. Dazu kommt noch ein Briefwechsel von unglaublicher Ausdehnung. Dazu kommen seine Tagebücher und seine inhaltsschweren Gespräche, von denen mehr als dreitausend im Druck vorliegen. Es ist, wie wenn dieser Mann Tag und Nacht geschrieben oder diktiert und dann zur Erholung in seinem Freundeskreise kleine Vorträge gehalten hätte. Aber war dieser fleißige Schriftsteller nicht auch Staatsdiener? Ein halbes

Jahrhundert und länger? War er nicht sechsundzwanzig Jahre hindurch Vorsteher des Hoftheaters in Weimar?

Wie gesund, wie tatenfroh muß dieser Mann gewesen sein! Kein Wunder, daß das Volk ihn so sich vorstellt. Der schöne, kraftvolle Jüngling, der mit seinem wilden Herzog um die Wette ritt, der den Leuten in Weimar das Baden im Flusse lehrte und das Schlittschuhlaufen auf dem Eise, der im Winter den Brocken bestieg (als erster Bezwinger des Berges in dieser Jahreszeit) und hernach auch hohe Schweizerberge, woran doch damals auch im Sommer kaum Jemand ein Vergnügen fand, diesen Goethe lieben die Maler darzustellen, und mit ihm mögen sich die jungen Leute gern vergleichen.

Aber wer den Dichter näher kennt, weiß, daß seine Gesundheit nur eine mittelmäßige gewesen ist. Die Familie, aus der er kam, war von väterlicher Seite her geistig belastet, und die Familie, die von ihm abstammte, war es gleichfalls. Sein eigenes Seelenleben erschien Denen, die aus der Nähe zusahen, oft krankhaft-empfindlich oder beängstigend-leidenschaftlich. Schiller sprach von der **Weiblichkeit** seiner Empfindung; Heinrich Meyer wußte als Hausgenosse zu erzählen, welchen Ausbrüchen des Schmerzes sich Goethe beim Tode seiner Kinder hingegeben, wie er sich laut weinend auf der Erde gewälzt habe; Andere berichten, daß man ihm Todesfälle von Freunden sehr vorsichtig mitteilen mußte; selbst als eine Schwester seiner Christiane der Schwindsucht endlich erlag, an der sie lange gelitten, meinte sein Schwager Vulpius: „Wir dürfen es dem Geheimen Rat noch nicht sagen, daß Ernestine tot ist; es greift ihn Alles gar zu sehr an."[1] So weich war Goethe im besten Mannesalter! In Jünglingsjahren litt er noch viel öfter an übermäßigen Erregungen, auch in den ersten Mannesjahren, wo er den Werther, den Orest und den Tasso aus sich heraus schuf; er rechnete sich zu des Tantalus Geschlecht oder zu Kains Söhnen; er mußte die Freundin Charlotte v. Stein, seine Besänftigerin, mehr als einmal nach unsinnig-leidenschaftlichen Ausbrüchen um Verzeihung bitten.

Lesen wir aber die Nachrichten über die Übel und Krankheiten, an denen sein Körper litt, so erscheint er uns erst recht als ein Kränkling.¹) Dem Tode nahe war er mit 18 Jahren, mit 52 Jahren, mit 74 Jahren. Eine lange Lebensdauer hat er selber nie erwartet, auch haben sie ihm die Seinigen nie zugetraut; mit dreißig Jahren glaubte er die Hälfte des Lebens hinter sich zu haben; als er in den Fünfzigern stand, sah seine Frau in ihm einen alten kränklichen Geheimrat, den man am Abend seines Lebenstages noch recht gut pflegen und schonen müsse;²) und 1813 schrieb ihm eine Freundin Ende Oktober, just nach der Schlacht bei Leipzig, er solle nun schon anfangen, sich in Baumwolle einzuwickeln, denn im November und Dezember sei er fast alle Jahre sehr krank.³)

Desto größer erscheint also sein Betätigungsdrang. Aber auch hier schüttelt der Kenner Goethes den Kopf und sagt: Er war gar kein Mann der Tat, er war eher tatenscheu! Man kann einige Fälle aufführen, wo Goethe rasch und kräftig handelte, aber da wirkte mehr sein Amt, sein Auftrag als sein eigener Trieb; oder es wirkte in ihm die gewonnene Erfahrung, daß der Haufe leicht zu zügeln ist, wenn eine Persönlichkeit wie die seine mit Entschiedenheit gebietet. Sein Bedürfnis, Andere zu lenken oder zu beherrschen, war jedoch sehr gering. Als er 1815 über die Kunstpflege in den Rhein- und Maingegenden sich auf Wunsch einiger Freunde öffentlich aussprach, entschuldigte er sich gegen andere Bekannte: „Es ist zwar meine Art nicht, auf den Tag zu wirken" oder „Ob ich gleich ungern in den Augenblick einwirke, weil so mancher Mißgriff möglich ist."⁴) Es ist uns bezeugt, daß er auch in seinen weimarischen Ämtern „auf Untergebene weniger durch Befehl und strenge

Vorschrift, als durch Belebung ihres Sinnes und ihrer Liebe an der Sache zu wirken"[1]) zur Grundmaxime hatte. Schiller, der viel mehr vom Unternehmer in sich hatte, schalt gelegentlich, „daß Goethe sein Hinschlendern so überhand nehmen läßt;" „er ist jetzt ordentlich zu einem Mönch geworden und lebt in einer bloßen Beschaulichkeit." „Wenn Goethe noch einen Glauben an die Möglichkeit von etwas Gutem und eine Konsequenz in seinem Tun hätte, so könnte hier in Weimar noch Manches realisiert werden, in der Kunst überhaupt und besonders im Dramatischen. Es entstünde doch etwas, und die unselige Stockung würde sich geben."[2])

Am deutlichsten wurde seine Tatenscheu in der napoleonischen Zeit. Nach der Schlacht bei Jena wurde auch sein Haus von den Franzosen belästigt; zwei betrunkene Tirailleurs drangen in sein Schlafzimmer und auf ihn ein. Da griff er nicht zur nächsten Waffe — wir würden ihn so gern in einer Helden-Stellung sehen! —, sondern Christiane Vulpius rief einen im Hause anwesenden Nachbar zu Hilfe, und Dieser warf sich den wütenden Soldaten entgegen und verteidigte das Leben des Geheimrats. In diesen Tagen stand das Weiterbestehen des Herzogtums Weimar auf dem Spiele, aber für die Rettung der weimarischen Selbständigkeit und für das Verbleiben der herzoglichen Familie leistete damals ein junger Assessor, namens Friedrich Müller, Größeres als der berühmte Minister v. Goethe. „Es war nicht Not," schrieb Goethe gleich danach, „mich der öffentlichen Angelegenheiten anzunehmen, indem sie durch treffliche Männer besorgt wurden, und so konnte ich in meiner Klause verharren und mein Innerstes bedenken."

In seinen persönlichen Angelegenheiten war er erst recht ein Zauderer und Unbeweglicher. Seine Mutter redet ihn einmal an: „Was machst du denn vor sicks facks mit deiner Unschlüssigkeit — wunderlicher Mensch!"[3]) Sein letzter Arzt, Hofrat Vogel, erzählt, daß es Goethen zu der Zeit, wo er ihn kannte, ungemein schwer gefallen sei, Entschlüsse zu fassen: „Er selbst war der Meinung, diese Eigentümlichkeit, welche er geradezu als Schwäche ansprach, rühre daher, daß er niemals in seinem Leben rasch zu handeln genötigt gewesen sei, und er pries den Stand des praktischen Arztes gelegentlich auch deshalb, weil dem Arzte nie erlaubt sei, seine Resolutionen zu vertagen."[1]) Diese Unschlüssigkeit sehen wir namentlich in seinem Verhalten gegen die Frauen. Zum Lieben gehört kein Vorsatz, sondern eine offene Seele, ein feines Empfinden, ein Verlangen nach Güte und Zärtlichkeit; zum Heiraten gehört dagegen auch einiger Wagemut. Ein Anderer hätte allerdings die Lili Schönemann heimgeführt, wenn ihm auch die Schwiegermutter und ihr Anhang nicht gefiel; das prächtige Mädchen war ja bereit, mit dem Geliebten nach Amerika zu gehen! Goethe aber grübelte und zögerte, fragte die Schwester um Rat, bedachte, daß weder seine Schwester, noch seine Mutter eine Ehe nach seinem Wunsche hatten, und über alle solche Bedenklichkeiten ging seine Verlobung auseinander. Nachher trug er sich zwölf Jahre lang mit einem ungesunden Verhältnis zu einer verheirateten Frau herum, aber nicht er beherrschte Frau v. Stein, sondern sie ihn. Dieser Mann, den unwissende Leute heute noch für einen Schmetterling ausgeben, hat über die Liebe aus seinen eigensten Erfahrungen den Satz geprägt: „Lieben heißt leiden; man kann sich nur gezwungen dazu entschließen, d. h. man muß nur, man will es nicht."

Das dauerhafteste Verhältnis seines Lebens war das zu Karl August. Der Fürst, der jüngere von beiden, schaute bewundernd zu Goethe auf und war sehr willig, sich seiner Leitung anzuvertrauen. Aber Goethe ordnete sich seinem fürstlichen Freunde unter, und zwar in viel höherem Grade, als Dieser je verlangte. Nicht bloß in äußerlichen Formen, sondern der berühmte Dichter gab geradezu sein Schicksal in die Hände des Fürsten. Auf seine Einladung war er nach Weimar übergesiedelt, auf seinen Wunsch übernahm er Ämter, an die er früher nie gedacht hatte, und plagte sich jahrelang mit Arbeit, die Andere eben so gut hätten machen können. Dann kam allerdings einmal die Zeit, wo Goethe sich gewaltsam losriß und heimlich nach Italien fuhr; es ist bezeichnend für ihn, daß die selbständigste Handlung seines Lebens eine Flucht war! Aber nicht lange dauerte es, da wurde er sogar in Neapel und Rom wieder von Weimar aus beherrscht. Da schrieb er an seinen Herzog mit einem Psalmwort: „Herr, hie bin ich, mach' aus deinem Knecht, was du willst"[1]) oder: „Wie Sie mich bisher getragen haben, sorgen Sie ferner für mich; Sie tun mir mehr wohl, als ich selbst kann."[2]) In den folgenden Jahrzehnten kam manchmal eine Gelegenheit, wo Goethe auf Weimar und auch auf den alten Freund schalt und wo er mit dem Gedanken spielte, in eine größere Stadt überzusiedeln. Man bot ihm einen ehrenvollen Platz in der Vaterstadt an; man legte ihm auch nahe, in Berlin oder Wien oder Paris zu wohnen. Aber er war viel zu schwerfällig, solche große Änderung herbeizuführen. Und noch im Alter erkannte er die „dämonische Gewalt" an, die sein Fürst über ihn hatte, und er gestand, daß er sich gern von Karl August beeinflussen lasse, denn es geschehe immer zu seinem Glücke.[3])

Selbst zum Schreiben wurde er eigentlich von Andern verführt und angetrieben. Sein erstes erfolgreiches Werk, der ‚Götz', wäre vermutlich nicht niedergeschrieben worden, wenn nicht seine Schwester ihn auf die listigste Weise gereizt hätte, endlich einmal anzufangen und dann auch fortzufahren und fertig zu machen. Er träumte und redete beständig vom Ritter mit der eisernen Hand: an ein Festhalten auf dem Papiere dachte er gar nicht. Und als es dann schwarz auf weiß dalag, gab er es nicht etwa einem

Drucker; erst anderthalb Jahr später, als Freund Merck ihn drängte und den Druck bezahlte, wurde der ‚Götz' in einer zweiten Fassung veröffentlicht; die kraftvolle erste Niederschrift erschien erst sechzig Jahre später. Als Merck in den Hintergrund trat, mußten Wieland und Herder ihn drängen und schieben. Z. B. hätte er nach der italienischen Reise gern seine Eindrücke in einem ausführlichen Berichte wiedergegeben; darum bat er Wieland um einen bestimmten Auftrag. „Bisher habe ich meine Journale, die Briefe, unzählige zerstreute Blätter durchgesehen und wünsche selbst, nach und nach etwas in Ordnung zu sehen. Allein ohne Kompelle ist dazu bei mir keine Hoffnung."[1]) Als 1794 die Freundschaft mit Schiller geschlossen wurde, gestand Goethe gleich in seinem ersten vertrauten Briefe: „Wie groß der Vorteil Ihrer Teilnehmung für mich sein wird, werden Sie bald selbst sehen, wenn Sie bei näherer Bekanntschaft eine Art Dunkelheit und Zaudern bei mir entdecken werden, über die ich nicht Herr werden kann."[2]) Schiller ward dann auch ein vortrefflicher Anreger; von auswärts trieben Zelter, Boisserée und Andere an, und schließlich machten sich Riemer und Eckermann um manches Werk ihres Meisters verdient. Ohne des Letzteren beständige Nachfrage wäre der zweite Teil des ‚Faust' niemals vollendet, wie vorher einige der schönsten Gedichte nicht ohne den Wunsch Schillers, der immer etwas für die ‚Horen' brauchte.[3]) „Ich hatte sie alle schon seit vielen Jahren im Kopf, sie beschäftigten meinen Geist als anmutige Bilder, als schöne Träume, die kamen und gingen und womit die Phantasie mich spielend beglückte. — Ich entschloß mich ungern dazu, diesen mir seit so lange befreundeten, glänzenden Erscheinungen ein Lebewohl zu sagen, indem ich ihnen durch das ungenügende dürftige Wort einen Körper verlieh. Als sie auf dem Papiere standen, betrachtete ich sie mit einem Gemisch von Wehmut; es war mir, als sollte ich mich auf immer von einem geliebten Freunde trennen."

Allerdings stammen von Goethe die Zeilen: „Gebt ihr euch einmal für Poeten, So kommandiert die Poesie", aber Das sagt der Theaterdirektor; es war nicht etwa des Dichters Meinung. Er kommandierte auch die Poesie nicht, sondern wartete geduldig, Wochen, ja Monde lang, bis die holden Schwestern, die Musen, sich neigend und winkend zu ihm herabließen. — — —

Nicht das Angreifen und Eingreifen ist also Goethes Art, sondern das Zuschauen und Abwarten. Schiller schrieb mit glücklichem Ausdruck an ihn: „Ihr beobachtender Blick, der so still und rein auf den Dingen ruht." Eine Dame seiner Bekanntschaft kleidete ein ähnliches Urteil in die Frage: „Zeigt nicht jedes Blatt, daß er ein weit höheres Bedürfnis fühlt, in das innerste Wesen des Menschen und der Dinge einzudringen, als seine Gedanken poetisch auszudrücken?"[1].

In seinen beiden umfangreichsten Dichtungen stellt uns Goethe zwei Männer verschiedenster Art dar. Wilhelm Meister ist ein Jüngling von so reicher Begabung, daß er ein Anführer vieler Menschen sein könnte; aber beständig wird er geführt, läßt er sich führen: von Männern und Frauen, Bekannten und Unbekannten; in ihm hat Goethe seine eigene Schwäche übertreibend gezeichnet. Viel weniger gleicht der unruhige Doktor Faust seinem Dichter. Faust sagt am Ende seines Lebens: „Ich bin nur so durch die Welt gerannt." Goethe ist still im stillen Weimar geblieben; er stürzte sich nie „in das Rauschen der Zeit, in's Rollen der Begebenheit." Faust ist von einem Irrweg auf den andern geraten, nachdem er den entscheidenden ersten Fehler begangen: durch ein falsches, unsittliches Mittel sein hohes Ziel schnell erreichen zu wollen. Faust hielt es mit der verhängnisvollen Lehre, daß der Zweck die Mittel heilige; Goethe verehrte die Reinheit, auch des Mittels. Goethe war als Mensch dem Irrtum unterworfen, aber er blieb auf festem Boden, verachtete nicht Vernunft und Wissenschaft, „des Menschen allerhöchste Kraft", hatte kein Bündnis mit dem Teufel, war kein ungebändigter Geist, wurde darum auch kein Zauberer und Schwindler, der die Menschen verwirrte, sondern er schritt geduldig und entsagend seine Straße dahin, nur redlichen Gewinn einsammelnd. Wie unser Dichter sich gegen das Mädchen benahm, das durch ihn zur Mutter wurde, Das steht nicht in der Gretchen-Tragödie, sondern in dem kleinen Gedichte: „Ich ging im Walde so für mich hin." Faust kommt erst mit hundert Jahren zur Einsicht und Reue: „Könnt' ich Magie von meinem Pfad entfernen, die Zaubersprüche ganz verlernen!" Goethe hatte ein heiteres Alter und brauchte nichts zu verlernen. Will man durchaus ein Bild Goethes in diesem Drama erkennen, so halte man sich an eine Nebenfigur, die mit großer Liebe gezeichnet ist, an den Türmer Lynkeus. Sein Lied ist ein Bekenntnis unseres Dichters:

> Zum Sehen geboren,
> Zum Schauen bestellt,
> Dem Turme geschworen,
> Gefällt mir die Welt.

II.
Das Geheimnis der Genialität.

Wir stehen immer noch vor dem Rätsel: eine beschauliche Natur war Goethe, zum Handeln so wenig bestimmt wie ein Turmwächter, der nicht unter den Heerhaufen mitkämpft, sondern hoch über ihnen Ausschau hält — und dennoch diese Fülle goethischer Werke!

Des Rätsels Lösung ist diese: gerade die stille Betrachtung, die der Untätigkeit so ähnlich sieht, war die Ursache so vieler, so hoher Werke. Arbeitet die Sonne, wenn sie scheint? Arbeitet der Baum, wenn er wächst? Über einer Wiese liegt warmer Sonnenschein. Alles ist still ringsum, aber da sprießt es aus dem Boden heraus, da dehnen sich Halme empor, da wickeln sich Blätter auf, da stoßen die Knospen ihre Hülle ab, da erschließen sich Blüten, verwandeln sich Blüten in Früchte, bräunen sich Samenkörner. Stille Betrachtung ist wie Sonnenwärme. Der Boden nimmt die Sonnenstrahlen auf, vernichtet sie aber nicht, sondern gibt sie in Kräutern, Blumen, Gesträuch und Bäumen zurück. Die Seele des betrachtenden Menschen nimmt die Dinge auf, aber das Gesetz von der Erhaltung der Kraft gilt auch hier; auf das Empfangen folgt ein Wiedergeben, auf den Eindruck ein Ausdruck, auf das tiefe Einatmen ein kräftiges Ausatmen.

Als die Zarin-Mutter Maria Feodorowna 1818 ihre Tochter in Weimar besuchte, führte Goethe ihr in einem Maskenfestspiele die weimarischen Dichter vor. Sich selber nannte er „den Freund", und so zeichnete er sich:

>Weltverwirrung zu betrachten,
>Herzensirrung zu beachten,
>Dazu war der Freund berufen;
>Schaute von den vielen Stufen
>Unsers Pyramidenlebens
>Viel umher und nicht vergebens,
>Denn von außen und von innen
>Ist gar Manches zu gewinnen.

Später war einmal die Rede von allerlei wirklichen und scheinbaren Genies, und Goethe spottete über die Vermeintlich-Großen, die ihre Werke für durchaus original halten und meinen, sie brauchten nur in ihr eigenes Innere zu greifen, um ewige Schöpfungen herauszuholen. Dann dachte der zweiundachtzig-

Lauschen und Betrachten

jährige Greis an sich selbst. „Es ist wahr, ich habe in meinem langen Leben Mancherlei getan und zu stande gebracht, dessen ich mich allenfalls rühmen könnte. Was hatte ich aber, wenn wir ehrlich sein wollen, das eigentlich mein war, als die Fähigkeit und Neigung, zu sehen und zu hören, zu unterscheiden und zu wählen und das Gesehene und Gehörte mit einigem Geist zu beleben und mit einiger Geschicklichkeit wiederzugeben? Ich verdanke meine Werke keineswegs meiner eigenen Weisheit allein, sondern Tausenden von Dingen und Personen außer mir, die mir dazu das Material boten. Es kamen Narren und Weise, helle Köpfe und bornierte, Kindheit und Jugend, wie das reife Alter. Alle sagten mir, wie ihnen zu Sinn sei, was sie dachten, wie sie lebten und wirkten und welche Erfahrungen sie sich gesammelt, und ich hatte weiter nichts zu tun als zuzugreifen und Das zu ernten, was Andre für mich gesäet hatten."

Aus dem vorhin erwähnten Assessor Müller wurde nachmals der Kanzler v. Müller; „Kanzler" hieß er als oberster Rechtspfleger des Landes. Zu ihm sprach Goethe ein ähnliches Wort: „Ich lasse die Gegenstände ruhig auf mich einwirken, beobachte dann diese Wirkung und bemühe mich, sie treu und unverfälscht wiederzugeben. Dies ist das ganze Geheimnis, was man Genialität zu nennen beliebt."

Hier empfangen wir den ersten großen Rat, den uns Goethe zu geben hat. Seine Genialität geht gewiß auch zurück auf Blutmischung, angeborene Anlage, glückliche Verbindung von Gesundem und Krankem. Aber seiner Arbeits- und Lebenskunst verdankt er doch ebensoviel wie seiner Begabung. Goethes Mitgift von Eltern her ward uns nicht zu teil, aber was hindert uns, seine klugen Mittel anzuwenden, seine Weisheit zu erben?

Hören und sehen tun wir von selber, das Lauschen und Betrachten ist ein gesteigertes und gereinigtes Hören und Sehen. Die erste Voraussetzung ist Wahrnehmen-wollen, acht geben; zu den Tätigkeitsworten lauschen und betrachten gehört das Eigenschaftswort aufmerksam. Unser Dichter sagte einmal von der Aufmerksamkeit das starke Wort: „Das ist ja doch das Höchste aller Fertigkeiten und Tugenden!"

Er hatte wohl Grund, die Aufmerksamkeit so sehr zu ehren, denn zweifellos verdankte er ihr seine ganze Bildung! Ein Schule hatte er nicht besucht, seine Universitätslehrer gewannen keinen besonderen Einfluß auf ihn; trotzdem wurde er der gebildetste Mensch, der je gelebt hat, und er wurde in einem halben Dutzend Wissenschaften ein Gelehrter. Er hatte eben die Aufmerksamkeit als Tugend und Fertigkeit. Sie ist eine Tugend, denn sie ist eine Selbstüberwindung, ein Zurückdrängen des Ichs. So lange wir uns mit uns selbst beschäftigen, mit unserm Äußern, unserm Zustande, unsern Luftschlössern, unsern Hoffnungen, unsern Sorgen und Schmerzen: so lange sind wir unaufmerksam; Eitelkeit und Unaufmerksamkeit sitzen auf einer Bank. Der Dichter Kotzebue war ein höchst talentvoller, geschickter und auch erfolgreicher Mensch, aber er war ein eitler Unaufmerksamer, und deshalb gelangte er nicht zur Größe. Als er einen Bericht über seine erzwungene Reise nach Sibirien herausgegeben hatte, spottete Goethe: „Ich bin gewiß, wenn einer von uns im Frühling über die Wiesen von Oberweimar nach Belvedere geht, daß ihm tausendmal Merkwürdigeres in der Natur zum Wiedererzählen oder zum Aufzeichnen in sein Tagebuch begegnet, als dem Kotzebue auf seiner ganzen Reise bis ans Ende der Welt zugestoßen ist. Kommt er wohin, so läßt ihn Himmel und Erde, Luft und Wasser, Tier- und Pflanzenreich völlig unbekümmert; überall findet er nur sich selbst, sein Wirken und sein Treiben wieder, und wenn er in Tobolsk wäre, so ist man gewiß damit beschäftigt, entweder seine Stücke zu übersetzen, einzustudieren, zu spielen."[1])

Goethes Grundsatz dagegen war, sich bei Reisen und ihren Beschreibungen „soviel als möglich zu verleugnen und das Objekt so rein, als nur zu tun wäre, in sich aufzunehmen." Deshalb konnte er z. B. die berühmte Schilderung des römischen Karnevals geben und auch in mündlicher Unterhaltung so ausführlich erzählen und beschreiben, als wenn er's vor sich sähe: von belebender Staffage wimmelte es durch und durch, und so war Jedermann von den lebhaft vorbeigeführten Bilderzügen zufrieden, ja entzückt.[1]) Solche Sachlichkeit pflegt mit dem Lebensalter zuzunehmen, aber besonders stark wächst sie, wenn man sie fleißig pflegt, wie Goethe tat. Im Jahre 1805[2]) besuchte er zum dritten Male das Bodetal, und als er dort am rauschenden, schäumenden Wasser zwischen den hohen Felsen hinschritt, fiel es ihm auf, wie anders er sich jetzt zu diesem mächtigen Naturbilde verhielt als in jüngeren Jahren. Bei früheren Besuchen hatte er sich selbst auf diese merkwürdigen Formen abgespiegelt, wie er sich noch wohl erinnerte; damals hatte er Freud und Leid, Heiterkeit und Verwirrung auf sie übertragen. Jetzt erschien seine Selbstigkeit gebändigt, jetzt traten die Gegenstände an ihn heran und zeigten ihm ihre Eigenheiten; nicht er sprach mehr zu den Felsen, sondern die Felsen redeten ihn an, erzählten ihm ihre Eigenschaften und ihre Erlebnisse. Ja, Goethen kam hier die bange Frage: „Bin ich denn nun ganz Naturforscher geworden, bin ich kein Dichter mehr?" Unnötige Sorge! Diese Sachlichkeit erhöhte nur den Dichter in ihm.

Man könnte stundenlang von Goethes Aufmerksamkeit sprechen. Jeder besondere Stein am Wege fiel ihm auf; vom Wagen aus entdeckte er eine Pflanze, die Insekten tötet, welche Entdeckung erst Darwin wieder machte; auf einem Spaziergange am Lido von Venedig bemerkte er einen Schafschädel, der so glücklich geborsten war, daß er dem Betrachter ein wichtiges Stück der Vorgeschichte der Tiere offenbarte; in Kurorten, wo er seiner Gesundheit wegen weilte, liebte er es, seine Spaziergänge nach Bauplätzen und Steinbrüchen zu richten, und in jeder

II. Das Geheimnis der Genialität

Mühle fragte er nach, woher sie ihre Mühlsteine hätten, weil er nicht gut in irgend einer Gegend sein konnte, ohne sich über ihre Gesteins-Verhältnisse klar zu werden. Seine Freunde, seine Diener steckte er mit dieser Aufmerksamkeit an; z. B. hielt sein Kutscher Barth gern von seinem Hochsitz herab Ausschau auf die Steinhaufen am Rande der Landstraßen, und wenn ihm etwas auffiel, hielt er von selbst an und rief seinem Herrn die Botschaft zu: „Herr Geheemrat, ich globe, da is was für uns!"

Ein Kriegsheld zu sein, begehrte Goethe nicht; dennoch hat er in der unglücklichen Campagne in Frankreich, die er 1792 als Begleiter seines Herzogs mitmachte, sich öfters in Lebensgefahr begeben: seine Lernbegierde trieb ihn an, und es gelang ihm, auch das Kanonenfieber objektiv zu erfassen!*)

Die Welt kennt ihn vornehmlich als Dichter, aber nie trug Jemand den Titel Naturforscher mit größerem Recht. Die Natur der Dinge zu erforschen, Das war seine beständigste Neigung; „das Erforschliche erforscht zu haben und das Unerforschliche ruhig zu verehren", Das nannte er „das schönste Glück des denkenden Menschen".[1])

---

*) So erzählt er: „Ich war nun vollkommen in die Region gelangt, wo die Kugeln herüberspielten; der Ton ist wundersam genug, als wäre er zusammengesetzt aus dem Brummen des Kreisels, dem Butteln des Wassers und dem Pfeifen eines Vogels. Sie waren weniger gefährlich wegen des feuchten Erdbodens; wo eine hinschlug, blieb sie stecken, und so ward mein törichter Versuchsritt wenigstens vor der Gefahr des Rikoschettierens gesichert.

„Unter diesen Umständen konnte ich jedoch bald bemerken, daß etwas Ungewöhnliches in mir vorgehe. Ich achtete genau darauf, und doch würde sich die Empfindung nur gleichnisweise mitteilen lassen. Es schien, als wäre man an einem sehr heißen Orte und zugleich von derselben Hitze völlig durchdrungen, so daß man sich mit demselben Element, in welchem man sich befindet, vollkommen gleich fühlt. Die Augen verlieren nichts an ihrer Stärke, noch Deut-

Im Kriege und auf Reisen

Goethe verherrlichte die Aufmerksamkeit auch als Fertigkeit. Es gibt ein äußerliches Mittel, unsere Aufmerksamkeit zu reizen: das Reisen. Es half nicht bei Kotzebue, aber es hilft in der Regel. An die heimischen Wunder sind wir gewöhnt, gegen neue Eindrücke in fremden Ländern sind wir nicht so stumpf. Auch hat man auf Reisen viel Zeit übrig: da schaut man sich um und hört den Leuten zu. Goethe fuhr nicht nach Italien, um Botanik zu studieren, aber schon in den Alpen zog die neue Pflanzenwelt seine Augen immer wieder auf sich, und sie ließ ihn nun nicht mehr los. Goethe legte sich über jede Reise Aktenhefte an, indem er Zeitungen, Theaterzettel, Preislisten der Märkte, Rechnungen der Gasthöfe u. dgl. zusammentrug. Eintragungen in sein Tagebuch machte er ja auch daheim, zweimal täglich, aber unterwegs wurden es ausführliche Schilderungen. Nicht selten deckten sie sich mit den Briefen nach Hause; sein Herzog z. B. bekam ausführliche Berichte über den Stand der Felder, über den Preis der Früchte, über die Bodenbeschaffenheit, über die Erwerbsmittel der Bevölkerung, über die Tätigkeit der Beamten usw. — nicht etwa nur aus weimarischen Bezirken, sondern viel öfter aus Landschaften, wo Karl August und Goethe nicht zu befehlen hatten.

---

lichkeit; aber es ist doch, als wenn die Welt einen gewissen braunrötlichen Ton hätte, der den Zustand sowie die Gegenstände noch apprehensiver macht. Von Bewegung des Blutes habe ich nichts bemerken können, sondern mir schien vielmehr Alles von jener Glut verschlungen zu sein. Hieraus erhellt nun, in welchem Sinne man diesen Zustand ein Fieber nennen könne. Bemerkenswert bleibt es indessen, daß jenes gräßlich Bängliche nur durch die Ohren zu uns gebracht wird; denn der Kanonendonner, das Heulen, Pfeifen, Schmettern der Kugeln durch die Luft ist doch eigentlich die Ursache an diesen Empfindungen.

„Als ich zurückgeritten und völlig in Sicherheit war, fand ich bemerkenswert, daß alle jene Glut sogleich erloschen und nicht das Mindeste von einer fieberhaften Bewegung übriggeblieben sei."

II. Das Geheimnis der Genialität

Auf Reisen haben wir von unserm lieben Ich nicht Alles bei uns. Im Gasthofe sind wir nur ein Herr oder eine Dame, die man nach der Zimmernummer benennt; auf der Straße sind wir nur Fremde. Das war so recht nach Goethes Geschmack, und er tat noch das Seine, sich ganz von seinem gewöhnlichen Ich abzusondern. Den „Geheimen Rat" ließ er daheim; er vergaß, daß er der weltbekannte Dichter war. Dann hieß er Weber und war ein Maler, oder er war der Kaufmann Philipp Möller aus Leipzig, und in Italien machte er sich sogar in Kleidung und Benehmen zum italienischen Bürgersmann, um dem Volke ganz nahezukommen und weiter nichts zu sein als ein Mensch unter Menschen. Als man in Rom dennoch auf ihn aufmerksam wurde, ihn in die feinste Gesellschaft ziehen und ihn nach Landessitte auf dem Kapitol als Dichter krönen wollte, da wußte er sich Dem zu entziehen: auf seiner bescheidenen Künstlerbude bei dem Kutscher Collina und seiner Piera Giovanna fühlte sich „Filippo Miller" viel wohler. So saß er auch eines Winterabends in Goslar in einem Gasthofe unter biedern Philistern und trocknete am breiten Ofen seine durchnäßten Sachen: „Mir ist's eine sonderbare Empfindung, unbekannt in der Welt herumzuziehen; es ist mir, als wenn ich mein Verhältnis zu den Menschen und den Sachen weit wahrer fühlte!"

An guten Lehrern und ebenso an Malern können wir beobachten, wie ihre Tätigkeit die Aufmerksamkeit vermehrt. Wer unterrichten oder häufig vortragen soll, schaut sorgsam aus nach neuem Stoff; der Maler sucht überall Bilder. Goethe war Lehrer und Maler. In seiner Jugend wünschte er sich, Professor an einer Universität zu werden; solche Knabenwünsche verraten in der Regel den angeborenen Beruf. Als man ihm ganz andere Ämter übertragen hatte, brach doch immer wieder der Lehrer in ihm durch. Als Vorsteher der Hofbühne gründete er eine Theaterschule, und wie sehr er mit dem Herzen um die Bildung der Theaterkinder

Lehrer und Maler

sich bemühte. Das zeigt uns heute noch sein Gedicht ‚Euphrosyne‘ auf das schönste. Später besuchten ihn alle Wochen einmal die Herzoginnen und ihre Hofdamen, und er trug ihnen vor, was er Neues hatte; Das empfand er selbst als heilsame Nötigung zur Aufmerksamkeit und Klarheit. Unwillkürlich wandten sich in seinem langen Leben Hunderte von Mädchen und Frauen, die belehrt zu sein wünschten, an ihn, und er unterrichtete sie gern, weil sie unwissender und unverbildeter zu sein pflegen als Männer und den Lehrer deshalb zur besten Kenntnis und Prüfung der Anfangsgründe und zu leichtverständlicher Darstellung zwingen. Sein Lieblingsschüler war einige Jahre ein Söhnchen seiner Freundin Charlotte v. Stein; auch bei ihm hatte er die angenehme Empfindung, daß durch die Belehrung des Knaben für ihn selbst der Wissensstoff an Klarheit und Bestimmtheit gewann, denn „die Kinder sind ein rechter Probierstein auf Lüge und Wahrheit."

Im Zeichnen und anderen bildenden Künsten hat sich unser Dichter fast ebenso lange bemüht wie im Unterrichten, auch als er eingesehen, daß er über die Liebhaber-Leistung nicht hinaus kam. Gerade vom Zeichnen sagte er, daß es die Aufmerksamkeit entwickele und dazu nötige, und in diesem Zusammenhange nannte er die Aufmerksamkeit die höchste aller Fertigkeiten und Tugenden. Erst dadurch habe er sich Italien ganz angeeignet, meinte er 1792. „Das Land selbst, seine Anmut und Herrlichkeit hatte ich mir völlig eingeprägt; mir war Gestalt, Farbe, Haltung jener vom günstigsten Himmel umschienenen Landschaft noch unmittelbar gegenwärtig. Die schwachen Versuche eigenen Nachbildens hatten das Gedächtnis geschärft."[1])

Das Betrachten unterscheidet sich vom bloßen Bemerken auch dadurch, daß es etwas Geduldiges ist, ein Warten auf Erleuchtung. Wer niemals Zeit hat, stets in Eile schreibt, Alles im Fluge besorgt, sich selbst gehetzt, gejagt vorkommt, Der ist kein goethischer Mensch. Langsam gehen, manchmal verweilen, ruhig um sich schauen, still lauschen. Das bringt uns weiter in die Wahrheit und Weisheit hinein als alles Rennen und Stürzen. Goethe erlebte noch, wie die Menschen des neunzehnten Jahrhunderts sich dem Götzendienst der Schnelligkeit zuwandten. „Eisenbahnen, Schnellposten, Dampfschiffe und alle möglichen Fazilitäten der Kommunikation sind es, worauf die gebildete Welt ausgeht, sich zu überbilden und dadurch in der Mittelmäßigkeit zu verharren." Wer zuviel sieht, wird überbildet; wer geduldig sieht, bildet sich. Nichts sei so leicht zu erreichen und so wohlfeil zu erhandeln als Kenntnis und Wissen, heißt es in den ‚Maximen und Reflexionen': „die ganze Arbeit ist ruhig sein und die Ausgabe Zeit, die wir nicht retten, ohne sie auszugeben."

Das Gleiche gilt auch vom Kunstgenießen und Kunstkennen. „Das müßte eine schlechte Kunst sein," meinte Goethe, „die sich auf einmal fassen ließe, deren Letztes von Demjenigen gleich geschaut werden könnte, der zuerst hereintritt." Als der Maler Moritz Oppenheim aus Frankfurt seinem berühmten Landsmanne zwei Bilder zeigen durfte, schenkte Goethe ihnen eine lange Aufmerksamkeit. Dann bat er, daß die Gemälde doch noch länger in seinem Hause bleiben möchten, „weil Sachen, über die man lange gedacht und gearbeitet hat, auch lange Zeit betrachtet werden müssen."[1]) Andauerndes Betrachten wandelt unser erstes Urteil oft merkwürdig um. „Es begegnete und geschieht mir noch", sagt Goethe in Rom von sich selbst, „daß ein Werk bildender Kunst mir beim ersten Anblick mißfällt, weil ich ihm nicht gewachsen bin. Ahn' ich aber ein Verdienst daran, so such' ich ihm beizukommen, und dann fehlt es nicht an den erfreulichsten Entdeckungen; an den Dingen werde ich neue Eigenschaften und an mir neue Fähigkeiten gewahr."[2]) Als er schon sechs Wochen in Rom gewesen war, berichtet er an seinen fürstlichen Freund, bis zur Ermüdung habe er alltäglich die wunderbare Stadt durchwandert und habe nun auch das Meiste gesehen. „Was heißt aber das Sehen von Gegenständen, bei denen man lange verweilen, zu denen man oft zurückkehren müßte, um sie kennen und schätzen zu lernen!" Erst als er ein Jahr lang dieses Studium fortgesetzt hatte, konnte er erklären, jetzt sei Rom ihm vertraut. „Ich habe fast nichts mehr drin, was mich überspannte; die Gegenstände haben mich nach und nach zu sich hinaufgehoben; ich genieße immer reiner, immer mit mehr Kenntnis."

Auch in einem schönen Gleichnis lehrt uns der Dichter, daß ein bloßes Herantreten an Kunstwerke nicht genügt: ein Eintreten wird verlangt.

> Gedichte sind gemalte Fensterscheiben!
> Sieht man vom Markt in die Kirche hinein,
> Da ist Alles dunkel und düster.
> Und so sieht's auch der Herr Philister;
> Der mag denn wohl verdrießlich sein
> Und lebenslang verdrießlich bleiben.
>
> Kommt aber nur einmal herein,
> Begrüßt die heilige Kapelle!
> Da ist's auf einmal farbig helle,
> Geschicht' und Zierat glänzt in Schnelle,
> Bedeutend wirkt ein edler Schein.
> Dies wird euch Kindern Gottes taugen:
> Erbaut euch und ergötzt die Augen!

So ist auch das Bücherlesen für den betrachtenden Menschen etwas Anderes als für den Eilebold. Der Prinzenerzieher Soret wollte Goethen einmal die ersten Kapitel eines Buches ‚Reise nach Paris' vorlesen, aber der Alte wehrte ab: Das gehe ihm zu schnell, er wolle das Buch lieber allein betrachten. Und er scherzte über die Schwierigkeit des Lesens. „Die guten Leutchen wissen nicht, was es einem für Zeit und Mühe gekostet hat, um lesen zu lernen. Ich habe achtzig Jahre dazu gebraucht und kann noch jetzt nicht sagen, daß ich am Ziele wäre."[1]) Wir wissen, wie er damals Walter Scotts Geschichte Napoleons durchnahm. Nach jedem Kapitel fragte er sich, was er Neues empfangen, was er schon gewußt, was ihm in die Erinnerung zurückgerufen ward. Dann ergänzte er das Buch durch seine eigenen Erlebnisse, und schließlich wußte er selbst nicht mehr, was er aus dem Buche herausgenommen und was er hineingetragen hatte. Aber er freute sich, daß ihm nun jener wichtige Zeitraum von 1789 bis zu Napoleons Tode viel klarer war, und die einzelnen Ereignisse waren ihm nun angenehmer als früher, weil er sie in einer gewissen Folge sah und ihre Notwendigkeit besser erkannte.

Dem langsamen Lesen ist das wiederholte Lesen verwandt. Goethe kehrte immer wieder zu Shakespeare, Homer und den andern Großen zurück. Von Molière sagte er 1827: „Ich kenne und liebe ihn seit meiner Jugend und habe während meines ganzen Lebens von ihm gelernt. Ich unterlasse nicht, jährlich von ihm einige Stücke zu lesen, um mich im Verkehr des Vortrefflichen zu erhalten." Von einer altgriechischen Hirtengeschichte des Longos, ‚Daphnis und Chloe', meinte unser Dichter, man sollte sie alle Jahre einmal lesen, um immer wieder davon zu lernen und immer wieder den Eindruck ihrer großen Schönheit aufs neue zu empfinden. Er durfte also auch fordern, daß man seine eigenen Werke nicht mit einem raschen einmaligen Lesen abtue. Über seinen ‚Egmont' äußerte er: „Das Stück ist so oft durchdacht, daß man es wohl auch öfters wird lesen können."[2]) Seinen ‚Tasso' und seine ‚Iphigenie' spielte man auch in seinem Wohnorte nur alle drei bis vier Jahre einmal, das Publikum fand sie langweilig. „Sehr begreiflich!" rief der Dichter aus, „die Schauspieler sind nicht geübt, die Stücke zu spielen, und das Publikum ist nicht geübt, sie zu hören." Und er rühmte die italienischen großen Kinder, die Wochen lang jeden Abend dasselbe Stück anhören könnten, und gleichermaßen die gebildeten

Pariser, die die klassischen Werke von Corneille, Racine und Molière halb auswendig wüßten und für die Betonung einer jeden Silbe ein geübtes Ohr hätten.[1])

Zur Betrachtung gehören als Voraussetzung oder Folge: Unparteilichkeit, Vorurteilslosigkeit, Enthaltung vom Fehlersuchen und Richten. Unbefangen wie die Kinder sollten wir die Welt wahrzunehmen suchen. „Ich lasse mir nur Alles entgegenkommen und zwinge mich nicht, Dies oder Jenes in dem Gegenstande zu finden," schrieb Goethe aus Rom über sein Kunststudium.[2]) Und einige Tage später über das gleiche Thema: „Das gesteh' ich aber auch, daß ich mich aller alten Ideen, alles eignen Willens entäußere, um recht wiedergeboren und neu gebildet zu werden."[3]) Sein treuer Seidel, der daheim geblieben war und nicht nur ein Gehülfe, sondern auch ein Nachahmer seines Herrn war, ergab sich damals dem Studium von Krystallisationen und beschrieb seine Entdeckungen in seinen nach Italien gehenden Berichten. Goethe antwortete:[4]) „Die Beobachtungen sind recht gut, Du bist auch auf einem guten Wege, zu beobachten. Nur mußt Du Dich in acht nehmen, daß Du Deinen Folgerungen nicht zu viel Wert gebest. Ich will nicht sagen, daß Du keine Folgerungen machen müssest, denn Das ist die Natur der Seele. Nur mußt Du immer Deine Meinung geringer halten als Dein Auge!" Auch in einem Aufsatze[5]) sagte Goethe später, man könne sich gar nicht genug vor Folgerungen in acht nehmen, „denn beim Übergang von der Erfahrung zum Urteil, von der Erkenntnis zur Anwendung ist es, wo dem Menschen gleichsam wie an einem Passe alle seine innern Feinde auflauern; Einbildungskraft, Ungeduld, Vorschnelligkeit, Selbstzufriedenheit, Steifheit, Gedankenform, vorgefaßte Meinung, Bequemlichkeit, Leichtsinn, Veränderlichkeit, und wie die ganze Schar mit ihrem Gefolge heißen mag: alle liegen hier im Hinterhalte und überwältigen unversehens."

II. Das Geheimnis der Genialität

Der Betrachtende fragt auch nicht, ob ein Werk von einem Freunde oder Feinde herrühre, von einem Christen oder Juden, von einem Deutschen oder Engländer, sondern er sieht nur das Werk an. Der verdrießlichste Feind Goethes war Kotzebue, aber während er seine Ränke schmiedete, ließ Goethe mehr Stücke von Kotzebue aufführen als von irgend einem Andern; er gab von 1791—1817 nicht weniger als 84 Stücke seines Widersachers, besetzte mehr als 600 Abende damit und wandte an einige recht viel Zeit und Mühe, um sie auf der Bühne zu halten. Die Sachen waren zu brauchen, und so fragte er nicht, ob ihr Verfasser Kotzebue oder Schiller hieß.

Solche Unparteilichkeit und Unpersönlichkeit ist allerdings dem natürlichen Menschen nicht gegeben und sie wäre ihm nicht ohne weiteres nützlich. „Sobald der Mensch die Gegenstände um sich her gewahr wird, betrachtet er sie in bezug auf sich selbst, und mit Recht. Denn es hängt sein ganzes Schicksal davon ab, ob sie ihm gefallen oder mißfallen, ob sie ihn anziehen oder abstoßen, ob sie ihm nutzen oder schaden."[1]) Aber wer in diesem Kriegerzustande beharrt, gelangt weder zur Wissenschaft noch zur Weisheit. Mühsam ist allerdings im Anfang der Weg Derer, die nach wahrer Kenntnis streben. „Es fehlt ihnen der Maßstab des Gefallens und Mißfallens, des Anziehens und Abstoßens, des Nutzens und Schadens. Diesem sollen sie ganz entsagen; sie sollen als gleichgültige und gleichsam göttliche Wesen suchen und untersuchen, was ist, und nicht, was behagt. So soll den echten Botaniker weder die Schönheit noch die Nutzbarkeit der Pflanzen rühren; er soll ihre Bildung, ihr Verhältnis zu dem übrigen Pflanzenreiche untersuchen. Und wie sie alle von der Sonne hervorgelockt und beschienen werden, so soll er mit einem gleichen ruhigen Blicke sie alle ansehen und übersehen und den Maßstab zu dieser Erkenntnis, die Data der Beurteilung, nicht aus sich, sondern aus dem Kreise der Dinge nehmen, die er beobachtet."[1])

Vorurteile und Nachurteile

Neben solcher Vorurteilslosigkeit ist auch, wie schon angedeutet, eine gewisse Nachurteilslosigkeit ein Beweis reiner Betrachtung. Die ungebildete Menge bewundert allerdings gerade jene Leute, die über alles Menschenwerk sofort Zensuren aus den Ärmeln schütteln und sofort die Fehler an Rathäusern und Kathedralen, an Gedichten und Trauerspielen, an Possen und Opern, an Gemälden und Bildsäulen und an Allem, was sonst die Mitmenschen machen, aufzeigen, wie wenn alle Urheber solcher Werke Quintaner wären, deren Hefte sie nachzusehen hätten. Goethe traute sich so viel Urteil nicht zu und hätte auch den Zweck und Nutzen solcher Urteilerei nicht verstanden. In seiner Lebensgeschichte erzählt er: „Mit einer Eigenschaft der Leser, die uns besonders bei Denen, welche ihr Urteil drucken lassen, ganz komisch auffällt, ward ich früh bekannt. Sie leben nämlich in dem Wahn, man werde, indem man Etwas leistet, ihr Schuldner und bliebe jederzeit noch weit zurück hinter Dem, was sie eigentlich wollten und wünschten, ob sie gleich kurz vorher, ehe sie unsere Arbeit gesehen, noch gar keinen Begriff hatten, daß So-etwas vorhanden oder nur möglich sein könnte."[1]) Und im Alter meinte der Dichter einmal zum Kanzler: „Die Kritik ist eine bloße Angewohnheit der Modernen. Was will Das heißen? Man lese ein Buch und lasse es auf sich einwirken, gebe sich dieser Einwirkung hin, so wird man zu einem richtigen Urteil darüber gelangen!"[2])

Als Goethe in Italien weilte, ward er rasch ein Kunstkenner. Er verlor eben keine Zeit mit leerem Kritisieren oder mit unnützen Streitfragen, sondern er ließ sich von den Kunstwerken anreden, wartete geduldig, bis sie es taten, und stellte nur sachliche Fragen, etwa nach dem Material und seinem Einfluß auf die Form,[3]) nach der Aufgabe, die dem Künstler von Anderen gestellt war, nach dem besonderen Ideal, das er selbst sich setzte, nach seinen Hemmnissen und Vorteilen, nach seinen

Vorgängern und Vorbildern, u. dgl. mehr. Durch solches wohlwollendes Fragen gelangt man zum Kennertum. Goethe galt nicht ohne Grund für stolz, aber allem Hohen gegenüber war er zeitlebens von einer wunderbaren Demut. Er verehrte in Italien die Kirchen- und Klosterbauten Palladios; wenn sich ihm nun auch an ihnen Stellen aufdrängten, die ihm nicht behagten, so überlegte er bescheiden, inwiefern er recht oder unrecht habe gegen einen solchen außerordentlichen Mann, und da war es, als ob der Baumeister dabei stände und sagte: „Das und Das habe ich wider Willen gemacht, aber doch gemacht, weil ich unter den gegebenen Umständen nur auf diese Weise meiner höchsten Idee am nächsten kommen konnte."[1])

Da wir eben wieder von einer Eigenschaft Goethes sprachen, so halten wir einmal inne und bedenken: Seine Eigenschaften waren nicht bloß angeboren, sondern sie sind auch Ergebnisse der Selbsterziehung. Er vollendete eben sein 21. Jahr, als er einem noch jüngeren Freunde und sich selber die Aufgabe des Studenten so stellte: „Die Sachen anzusehen, so gut wir können, sie in unser Gedächtnis schreiben, aufmerksam zu sein und keinen Tag, ohne Etwas zu sammeln, vorbeigehen lassen. Dann: jenen Wissenschaften obliegen, die dem Geiste eine gewisse Richte geben, Dinge zu vergleichen, Jedes an seinen Platz stellen, Jedes Wert zu bestimmen, Das ist's, was wir jetzo zu tun haben. Dabei müssen wir Nichts sein, sondern Alles werden wollen."[2]) Ebenso stimmt Goethes beständiges Lernen und Betrachten auch zu seinen später erarbeiteten Überzeugungen, seiner erworbenen Weltanschauung. Seine merkwürdige politische Untätigkeit, von der früher die Rede war, stimmt aufs beste überein mit seiner oft wiederholten Lehre, daß der Staat am besten gedeiht, wenn Jeder vor seiner Tür kehrt und Niemand sich in des Andern Geschäfte mischt. „Nur die Überzeugung der Notwendigkeit und des unfehlbaren Nutzens hat mich zu der passiven Diät bringen können, an der ich jetzt so fest hänge",¹) schrieb er selber — nicht ohne erziehliche Absicht — an seinen Fürsten, der gern einmal über seine Grenzen hinausging: „es kostet mich mehr, mich zusammenzuhalten, als es scheint," heißt es im gleichen Briefe. Als sein Fürst ihn dann auf seinen dringenden Wunsch von früheren Ämtern befreit hatte, da mußte sich Goethe wohl auch in der Franzosenzeit sagen, daß er für die ihm verbliebenen wissenschaftlichen Anstalten zu sorgen habe, nicht aber für die allgemeine Politik.

Später tadelte man ihn, daß er nicht wenigstens als Dichter die Nation im Kampfe gegen Napoleon angefeuert hätte. Er wies es weit von sich. „Kriegslieder schreiben und im Zimmer sitzen — Das wäre meine Art gewesen! Aus dem Biwak heraus, wo man nachts die Pferde der feindlichen Vorposten wiehern hört, da hätte ich es mir gefallen lassen. Aber Das war nicht mein Leben und meine Sache, sondern Die von Theodor Körner. Ihn kleiden seine Kriegslieder auch ganz vollkommen. Bei mir aber, der ich keine kriegerische Natur bin und keinen kriegerischen Sinn habe, würden Kriegslieder eine Maske gewesen sein, die mir sehr schlecht zu Gesicht gestanden hätte."²)

III.
Goldne Früchte.

Als Dreißigjähriger trug Goethe in sein Tagebuch ein: „Das Beste ist die tiefe Stille, in der ich gegen die Welt lebe und wachse und gewinne, was sie mir mit Feuer und Schwert nicht nehmen können." An Frau v. Stein schrieb er: „Wie glücklich mich meine Art, die Welt anzusehn, macht, ist unsäglich, und was ich täglich lerne! Und wie mir doch fast keine Existenz ein Rätsel ist. Es spricht eben Alles zu mir und zeigt sich mir an." Und an dieselbe Vertraute berichtet er aus Rom: „Ich lebe nun hier mit einer Klarheit und Ruhe, von der ich lange kein Gefühl hatte. Meine Übung, alle Dinge, wie sie sind, zu sehen und abzulesen — meine Treue, das Auge licht sein zu lassen — meine völlige Entäußerung von aller Prätention kommen mir einmal wieder recht zu statten und machen mich im stillen höchst glücklich. Alle Tage ein neuer merkwürdiger Gegenstand, täglich frische, große, seltsame Bilder... Ich freue mich der gesegneten Folgen auf mein ganzes Leben."

Wir kennen einige der nächsten Folgen: ‚Egmont', ‚Tasso', ‚Iphigenie'. Und wir verstehen nun, weshalb wir von Goethe einen so reichen Schatz gegenständlicher Poesie erhalten haben und daß er jene ihm eigene Sprache schuf, die so überaus schlicht ist und dennoch so große Gewalt über uns hat. Als er alt war, wagte ein junger Gelehrter an ihn einmal die Frage, wie es Se. Exzellenz nur angefangen habe, einen so schönen Stil zu schreiben. „Ich habe die Gegenstände ruhig auf mich einwirken lassen", erklärte es Goethe.[1]) Dann stellt sich eben der bezeichnende Ausdruck von selber ein.

Die Dinge sprechen durch Goethes Stimme zu uns: das Wasser, der Mond, nächtlicher Nebel, der Morgen, der Frühling, das Veilchen, Herbstschauer, die Ruinen, der Friedhof, Griechenland, Italien, Venedig, Rom. Und was noch wichtiger ist: Menschen von allerlei Art sprechen durch Goethe zu uns. Da ist ein Mädchen, das seine Ehre verliert, zur Ursache vielen Unheils und schließlich zur Mörderin wird, und neben ihr steht ein verderblicher Mann, der mit dem Bösen sich verbündet hat. Was würde der Staatsanwalt uns von diesen beiden Personen zu sagen wissen! Wie würden wir selber von ihnen reden, wenn uns die Dirne und der Abenteurer, der sie verdarb, im Leben begegneten! Aber in der Dichtung Goethes sprechen

Gretchen und Fauſt ſelber zu uns; da werden wir auf einmal gerecht und gütig und wiſſen nicht wie. Erſt der ſachliche Dichter zeigt uns die Menſchen vollſtändig und richtig;

> „Oft adelt er, was uns gemein erſchien,
> Und das Geſchätzte wird vor ihm zu nichts."[1]

Goethe hat ſelber einmal den ſachlichen Dichter verherrlicht, indem er von Shakeſpeare ſprach. „Nennen wir nun Shakeſpeare einen der größten Dichter, ſo geſtehen wir zugleich, daß nicht leicht Jemand, der ſein inneres Anſchauen ausſprach, den Leſer in höherem Grade in das Bewußtſein der Welt verſetzt. Sie wird für uns völlig durchſichtig: wir finden uns auf einmal als Vertraute der Tugend und des Laſters, der Größe, der Kleinheit, des Adels, der Verworfenheit ... Shakeſpeare geſellt ſich zum Weltgeiſt, er durchdringt die Welt wie jener. Beiden iſt Nichts verborgen, aber wenn des Weltgeiſts Geſchäft iſt, Geheimniſſe vor, ja oft nach der Tat zu bewahren, ſo iſt es der Sinn des Dichters, das Geheimnis zu verſchwatzen und uns vor oder doch gewiß in der Tat zu Vertrauten zu machen."[2]

Wenn Goethe von Shakeſpeare ſagt, er geſelle ſich zum Weltgeiſt, er durchdringe die Welt wie jener, ſo verrät er uns ſein eigenes Sehnen. Zwar gab er zu, daß wir vom Göttlichen mit Beſtimmtheit nichts wiſſen können; dennoch war er ein Gottſucher und harrte auf Offenbarung. Bei der geduldigen Betrachtung der einzelnen Pflanze, des einzelnen Steines, des einzelnen Menſchen war es ihm doch nicht bloß um dieſe Einzelheiten zu tun, ſondern vielmehr um den großen Geiſt, der in und hinter den Einzelweſen wirkt. „Hier bin ich auf und unter Bergen und ſuche das Göttliche auf in herbis et lapidibus",[3] ſchrieb er 1785 an Freund Jacobi. Wir können dem Göttlichen nicht geradenwegs ins Amtlitz ſchauen, aber wir erkennen es hie und da im Abglanz, im Beiſpiel, im Sinnbild. Je fleißiger wir

es suchen, desto öfter finden wir es, bis auch wir ahnen: „Alles
Vergängliche ist nur ein Gleichnis", bis auch wir „in jeder
Lampe Brennen, Fromm den Abglanz höhern Lichts erkennen"[1])
und auch wir glaubend schauen:

> So im Kleinen ewig wie im Großen
> Wirkt Natur, wirkt Menschengeist, und beide
> Sind nur Abglanz jenes Urlichts droben,
> Das unsichtbar alle Welt erleuchtet.[2])

So war Goethe wiederum wie der Türmer Lynkeus, der
seine Blicke in hohe Fernen sendet, zum Mond und zu den
Sternen empor, und sie dann herniedersinken läßt zum schwarzen
Wald, aus dem im Mondschein die Rehe heraustreten, und der
bei solchen Bildern immer wieder „die ewige Zier" sieht, das
stille, mächtige Walten des uralten, heiligen Vaters. Der Naturforscher Goethe war zugleich Naturphilosoph oder Naturgläubiger.
Er hätte nach seiner Denkweise das kühne Wort prägen dürfen:
„Selig sind die Betrachtenden, denn sie werden Gott schauen!"

> Soweit das Ohr, soweit das Auge reicht,
> Du findest nur Bekanntes, das Ihm gleicht,
> Und deines Geistes höchster Feuerflug
> Hat schon am Gleichnis, hat am Bild genug.
> Es zieht dich an, es reißt dich heiter fort,
> Und, wo du wandelst, schmückt sich Weg und Ort.
> Du zählst nicht mehr, berechnest keine Zeit,
> Und jeder Schritt ist Unermeßlichkeit.[3])

Dem schwärmerisch-gläubigen Freunde Lavater, den in der
ganzen Bibel die Offenbarung Johannis am meisten reizte, antwortete Goethe: „Ich denke auch aus der Wahrheit zu sein,
aber aus der Wahrheit der fünf Sinne."[4]) Und auch gegen
den anderen Freund Fritz Jacobi verfocht Goethe manches Mal

Anschauen des Göttlichen

dieses Gottsuchen nach Spinozas Art. „Wenn du sagst, man könne an Gott nur glauben, so sage ich dir: ich halte viel aufs Schauen"¹); er fährt fort, daß er den Mut habe, sein ganzes Leben dieser Betrachtung der Dinge zu widmen. „Dich hat Gott mit der Metaphysik gestraft, mich dagegen mit der Physik gesegnet, damit mir es im Anschauen seiner Werke wohl werde." Nach manchem Jahr, 1811 und 1827²), beklagte Goethe noch, daß Jacobi bei seiner übertriebenen Verherrlichung des Glaubens blieb und daß er gar behauptete, die Natur verberge Gott. Unser Dichter ging geduldig als Anschauender weiter. Er war nicht bloß der allgemeinen Meinung, daß die Natur zum Denken anrege, daß die Forschungsmittel der Naturwissenschaften den Geist schärfen und bilden, sondern er war auch überzeugt, „daß beim Anschauen der Natur Ideen geweckt werden, denen wir eine gleiche Gewißheit als ihr selbst, ja eine größere zuschreiben, von denen wir uns dürfen leiten lassen, sowohl wenn wir suchen, als wenn wir das Gefundene ordnen.³) Offenbarungen pflegen wir die so gewonnenen Ideen zu nennen. „Wir können uns bei der Betrachtung des Weltgebäudes in seiner weitesten Ausdehnung, in seiner letzten Teilbarkeit der Vorstellung nicht erwehren, daß dem Ganzen eine Idee zu Grunde liege, wonach Gott in der Natur, die Natur in Gott von Ewigkeit zu Ewigkeit schaffen und wirken möge. Anschauung, Betrachtung, Nachdenken führen uns näher an seine Geheimnisse."⁴)

Zwar der aufmerksame Goethe bemerkte wohl, daß es auch in ihm selbst den letzten Fragen gegenüber nicht beim Anschauen, Betrachten und Nachdenken blieb, sondern daß ein Glauben hinzutrat. Wir sahen eben schon den großen Glaubenssatz, für den er ein andermal das Sprüchlein fand: „Willst du dich am Ganzen erquicken, so mußt du das Ganze im Kleinsten erblicken,"⁵) und diesen Satz, daß das große Eine, Gott, sich im Mannigfaltigen verberge, bezeichnete er noch in den letzten Wochen seines Lebens[1]) als den Punkt, wo bei ihm der Glaube eintrete. Aber es ist ein ernster Unterschied, ob man wie Jacobi den Glauben von vornherein als Schlüssel der Erkenntnis brauchen möchte oder ob man ihn nur als „Ende alles Wissens"[1]) gelten läßt. Hier scheidet sich Goethe von den Rechtgläubigen ab; hier aber auch von Geistern wie Faust, die sich der „Magie" ergeben, weil die ehrlichen Mittel sie nicht rasch genug fördern, und hier auch von leichtgläubigen und abergläubischen Phantasiemenschen, die Traumdeuterei treiben, wie einige seiner weimarischen Freundinnen und Herder sogar, oder auf alles Unerklärliche, Gespenstische leicht eingehen und so zu Helfershelfern von Schwindlern werden; Lavater und Cagliostro machten Goethes Gemüt viel zu schaffen. Der Glaube gehört mehr an das Ende des Lebens und Forschens als an den Anfang; „der Greis wird sich immer zum Mystizismus bekennen .... das hohe Alter beruhigt sich in Dem, der da ist, der da war und der da sein wird."[2]) „Am Ende des Lebens gehen dem gefaßten Geiste Gedanken auf, bisher undenkbare. Sie sind wie selige Dämonen, die sich auf den Gipfeln der Vergangenheit glänzend niederlassen."[3])

Goethe ward durch seine hochstrebende Naturforschung und Lebensbetrachtung ein hoher und reicher aber auch ein vielschaffender Schriftsteller. Denn wer sich den Eindrücken selbstlos und restlos hingibt, in Dem gewinnen die Dinge ein so kräftiges Leben, daß sie in neuer Gestalt auch wieder herausmüssen. Jeder Künstler ist ein Umgestalter; alle Kunst ist Metamorphose. Heute verwandelt sich ein Natureindruck in ein Gedicht, morgen ein persönliches Erlebnis, den nächsten Tag regt das Werk eines Andern unwiderstehlich zu eigenem Schaffen an.

Noch einen großen Segen hatte Goethe von seinem Bemühen, durch fleißige Betrachtung in der Wahrheit zu wachsen. Er

Erhebung über das einzelne Ereignis

lernte dabei, mit den Menschen klug umzugehen und die Kämpfe und Schmerzen des Lebens zu ertragen. Der sachliche Mensch sieht auch in seinen eigenen Erlebnissen sofort die ehernen Gesetze, mit deren Herrschaft wir täglich rechnen sollten. Als Goethe die Nachricht erhielt, daß sein einziger Sohn im fernen Lande gestorben war, sagte er leise: "Non ignoravi me mortalem genuisse": "ich wußte wohl, daß ich einen Sterblichen erzeugt hatte." In Lessings zehntem Literaturbriefe fand sich die Lehre: "Nur die Fertigkeit, sich bei einem jedem Vorfalle schnell bis zu allgemeinen Grundwahrheiten zu erheben, nur Diese bildet den großen Geist, den wahren Helden in der Tugend und den Erfinder in Wissenschaften und Künsten." Wir wissen nicht, ob Goethe diesen Satz im Gedächtnis behielt, aber er hat danach gelebt. "Denn ihm war es Bedürfnis," so berichtete einige Monate nach Goethes Tode der Kanzler v. Müller, "von jedem noch so heterogenen Zustande einen deutlichen Begriff zu gewinnen, und die unglaubliche Fertigkeit, mit der er jedes Ereignis, jeden persönlichen Zustand in einen Begriff zu verwandeln wußte, ist wohl als das Hauptfundament seiner praktischen Lebensweisheit anzusehen, hat sicher am meisten beigetragen, ihn, den von Natur so Leidenschaftlichen, so leicht und tief Erregbaren, unter allen Katastrophen des Geschicks im ruhigen Gleichgewicht zu erhalten. Indem er stets das Geschehene, Einzelne sofort an einen höheren allgemeinen Gesichtspunkt knüpfte, in irgend eine erschöpfende Formel aufzulösen suchte, streifte er ihm das Befremdliche oder persönlich Verletzende ab und vermochte nun, es in der Form naturmäßiger Gesetzlichkeit ruhig zu betrachten, ja als ein Geschichtliches, gleichsam nur zur Erweiterung seiner Begriffe Erscheinendes, zu neutralisieren. Wie oft hörte ich ihn äußern: ""Das mag nun werden, wie es will, den Begriff davon habe ich weg; es ist ein wunderlicher komplizierter Zustand, aber er ist mir nun völlig klar.""

„So gewöhnte er sich denn immer mehr, Alles, was im nähern und weitern Kreise um ihn vorging, als Symbol, ja sich selbst nur als geschichtliche Person zu betrachten, ohne darum an liebevoll persönlicher Teilnahme für Freunde und Gleichgesinnte abzunehmen. Vielmehr milderte ihm nur jene eigentümliche Weise der Weltbetrachtung die störenden Eindrücke einer wildbewegten, verhängnisvollen Gegenwart."[1]

Noch bestimmter, als es der Kanzler hier andeutet, muß es gesagt werden: wer sich der Betrachtung hingibt, unterscheidet sich von der Menge bald dadurch, daß er das Vorübergehende und das Bleibende, das Zeitliche und das Ewige scharf auseinander hält und beide richtig bewertet. Das fleißige Tagebuchführen, wie es Goethe trieb, hilft uns dabei; was man einschreibt, kommt ad acta, zur Ruhe, und ein gelegentlicher Vergleich unseres jetzigen Zustandes mit den Niederschriften aus früheren Jahren lehrt uns, daß wir die äußeren Ereignisse des Lebens nicht viel ernster zu nehmen brauchen als die Darbietungen der Schaubühne, auf der uns alle Abende ein anderes Stück vorgeführt wird. Einem Betrachter wird es bald zur Gewohnheit, sein früheres Ich als eine andere Person aufzufassen, und so sehen wir in Goethes Erinnerungs-Schriften, daß er am liebsten in der dritten Person von sich redet: „man" oder „der Jüngling", „der Wanderer", „der Liebende", „der Verfasser." Sucht man sich so gegen die eigene Person abzukühlen, so wird man sich erst recht gegen die Zeitereignisse abhärten, die die Bierbankpolitiker erregen. Im Alter machte sich Goethe einige Male den Spaß, ältere Jahrgänge von Zeitungen wieder zu lesen, und dabei wurde es ihm erst recht klar, „daß man durch diese Tageblätter zum Narren gehalten wurde und daß besonders im Sinne einer höheren Bildung daher auch nicht das Mindeste abzuleiten war."[2] Wenn in seiner Gesellschaft über Bekannte und Nachbarn geredet wurde, besann er sich gern, daß

Eigenschaften des sachlichen Menschen

ein Gespräch über größere Menschen in fernen Ländern oder aus vergangenen Zeiten ebenso unterhaltsam und doch viel ungefährlicher und zuträglicher sein möchte. Seinen Gästen wurde es rasch deutlich, daß sie das Zeitliche und Alltägliche hinter sich lassen möchten, wenn sie in Goethes Räume traten. Denn diese Räume waren angefüllt mit Altertümern, Kunstwerken und Seltenheiten, die den Geist immer wieder in frühere Jahrhunderte oder zu den großen Werken der Naturkräfte lenkten. Für den Besitzer dieses häuslichen Museums aber war es besonders kennzeichnend, daß er die Gesteine so sehr liebte, weil sie von den alleräftesten Zeiten und von dem Untergrunde alles Lebens erzählen.

Der sachliche Mensch ist auch das Gegenteil vom Philister, dessen Wesen Goethe so bestimmt: „Der Philister negiert nicht nur andere Zustände, als der seinige ist; er will auch, daß alle übrigen Menschen auf seine Weise existieren sollen." Als Eckermann sich einmal zu widersetzen wagte, war die echt Goethische Antwort: „Ihr seid ein wunderlicher Christ! Tut, was Ihr wollt, ich will Euch gewähren lassen." Und dann fuhr er fort: „Es ist eine große Torheit, zu verlangen, daß die Menschen zu uns harmonieren sollen. Ich habe es nie getan. Ich habe einen Menschen immer nur als ein für sich bestehendes Individuum angesehen, das ich zu erforschen und das ich in seiner Eigentümlichkeit kennen zu lernen trachtete, wovon ich durchaus keine weitere Sympathie verlangte. Dadurch habe ich es nun dahin gebracht, mit jedem Menschen umgehen zu können, und dadurch allein entsteht die Kenntnis mannigfaltiger Charaktere, sowie die nötige Gewandtheit im Leben. Denn gerade bei widerstrebenden Naturen muß man sich zusammennehmen, um mit ihnen durchzukommen, und dadurch werden alle die verschiedenen Seiten in uns angeregt und zur Entwicklung und

Ausbildung gebracht, so daß man sich bald jedem Vis-à-Vis gewachsen fühlt." Seinem Sohne gab er einmal die Lehre: „Wer sich in die Welt fügt, wird finden, daß sie sich gern in ihn finden mag!" Wir glauben Goethe selbst zu hören, wenn sein Schüler Zelter einmal schreibt: „Wenn ich bin, wie ich bin, warum soll der Andere nicht sein, wie er ist?"

Einmal sprach der Alte über seine Feinde. „Ihre Zahl ist Legion," meinte er nicht ohne Grund und dann fuhr er fort, sie abzuteilen, sie durch Einordnung in Naturnotwendigkeiten gewissermaßen zu erledigen. Da waren die Gegner aus Dummheit, eine sehr langweilige Sorte, denen man aber nichts übel nehmen darf. Dann die Neider; sie zeigen uns, daß es uns gut geht. Dann Diejenigen, die unsere Fehler mit Recht tadeln, denn wir sind auch nicht fehlerlos; sie schaden uns in Wahrheit nicht, aber wir müssen ihnen zuvorzukommen suchen. Goethe fuhr fort:

„Eine fernere große Masse zeigte sich als meine Gegner aus abweichender Denkungsweise und verschiedenen Ansichten. Man sagt von den Blättern eines Baumes, daß deren kaum zwei vollkommen gleich befunden werden: und so möchten sich auch unter tausend Menschen kaum zwei finden, die in ihrer Gesinnungs- und Denkungsweise vollkommen harmonieren. Setze ich Dieses voraus, so sollte ich mich billig weniger darüber wundern, daß die Zahl meiner Widersacher so groß ist, als vielmehr darüber, daß ich noch so viele Freunde und Anhänger habe. Meine ganze Zeit wich von mir ab, denn sie war ganz in subjektiver Richtung begriffen, während ich in meinem objektiven Bestreben im Nachteile und völlig allein stand."[*)]

Die zuletzt angedeutete Einsicht, daß die Menschen verschieden denken müssen, daß sie nicht zu unserer Ansicht bekehrt werden können, behütet uns vor vielem Zeitverlust und Ärger. Auch von unsern Kindern dürfen wir nicht fordern, daß sie nach unsern Wünschen und unserm Vorbilde geraten.

Die Menschen erdulden und benutzen

Denn wir können die Kinder nach unserm Sinne nicht formen:
So wie Gott sie uns gab, so muß man sie haben und lieben,
Sie erziehen auf's beste und jeglichen lassen gewähren.
Denn der Eine hat die, die Anderen andere Gaben;
Jeder braucht sie und Jeder ist doch nur auf eigene Weise
Gut und glücklich.[1])

Auf religiösem Gebiete schätzte Goethe das alte Diktum, daß sich Jeder seinen eignen Gott macht und daß man Niemand den seinigen weder nehmen kann noch soll. Und so gilt es überall, „daß die verschiedenen Denkweisen in der Verschiedenheit der Menschen gegründet sind und eben deshalb eine durchgehende gleichförmige Überzeugung unmöglich ist. Wenn man nur weiß, auf welcher Seite man steht, so hat man schon genug getan; man ist alsdann ruhig gegen sich und billig gegen Andere."[2])

Goethe hat seine praktische Religion einmal in zwei Zeilen ausgedrückt:

„Besonders keinen Menschen hassen
Und das Übrige Gott überlassen."

„Keinen Menschen hassen" .... wir kennen das andere Gebot: „Liebet eure Feinde!" Soweit ging Goethe nicht: in diesem Gebote schien ihm das Wort „lieben" nicht in seinem eigentlichen Sinne gebraucht zu sein.[3]) Wohl aber glaubte Goethe, man dürfe seine Feinde als etwas Nützliches betrachten; einen guten Haushalter erkenne man daran, daß er sich auch des Widerwärtigen vorteilhaft zu bedienen wisse. Den Unrat des Hauses verwenden wir als Dünger für Garten und Feld, das gefährliche Feuer machen wir zu unserem stärksten Arbeiter. An Kotzebue zeigte Goethe, daß ihm dieser Feind mehr nützen mußte, als er ihm schaden konnte. Und ganz allgemein erklärte er am Ende seines Lebens: „Aufmerksam habe ich von jeher gesucht, auch aus dem Feindseligen selbst bedeutenden Vorteil zu ziehen, denn dadurch lernte ich ja eben erst Menschen und Welt kennen, indem ich einsehen lernte, wie und warum sie sich mir entgegen stellten: mit Recht oder Unrecht, mit Überzeugung oder Mißwollen, heimlich oder öffentlich, tückisch oder gewaltsam. Genug, ich erfuhr nach und nach, wie es mit mir und Andern beschaffen war."[1]

IV.
Die Frömmigkeit des Betrachtenden.

"Und das Übrige Gott überlassen", hörten wir soeben. Zu den Früchten treuer Betrachtung gehört auch das edle Paar Demut und Ergebung. Freilich: zu einer heuchlerischen oder feigen Bescheidenheit ist der richtig und wahrhaftig Sehende nicht imstande, denn ihm bleiben die Schwächen der Mitmenschen nicht verborgen, und er darf auch frank und frei über seine eigenen Vorzüge sprechen, da er sich ja nicht selber gemacht hat. Er ist jedoch insofern demütig, als er genau die engen Schranken sieht, die uns Menschen überhaupt und jedem Einzelnen im besonderen gesetzt sind. Erst ein Sokrates verfiel auf das Wort: "Ich weiß, daß ich nichts weiß"; nur der Gelehrte bekennt den höchsten Fragen gegenüber: ignoramus et ignorabimus; in Kunstsachen und allen andern Dingen hüten wir uns vor dem Aussprechen eines Urteils um so mehr, je urteilsfähiger wir werden. Goethe war schon recht lange in Italien, als er eine allgemeine Wertschätzung seiner Umgebung noch nicht wagte. "Auf alle Weise sehe ich, wie schwer es ist, ein Land zu beurteilen. Der Fremde kann es nicht, und der Einwohner schwer. Und dann ist der Mensch so einseitig, daß ein so großer und mannigfaltiger Gegenstand von ihm nicht wohl begriffen werden kann. Diejenigen, die ich über Neapel und Sizilien gesprochen habe, haben im einzelnen fast alle recht, im ganzen, wie mir scheint, Keiner."¹) Kann der Einzelne noch nicht einmal Neapel, Sizilien und Italien völlig erfassen und einschätzen, wieviel ohnmächtiger steht er den schweren Fragen, die Zeit und Ewigkeit ihm stellen, gegenüber! „Die himmlischen und irdischen Dinge sind ein so weites Reich, daß die Organe aller Wesen zusammen es nur erfassen mögen."²)

Demut und Ehrfurcht verwandeln sich, wenn sie in das Gebiet des Wollens und Handelns übertreten, in Entsagung und Ergebung. Wer den älteren Goethe mit Worten zeichnen will, spricht immer wieder von seiner „olympischen Ruhe und Heiterkeit." Woher hatte er sie? Die Antwort lautet: er lernte früh und gründlich genug die Bescheidung und Selbstentäußerung, zu der die im Weltall waltenden Kräfte, die „Götter" der Alten, schließlich zwar uns alle zwingen, denen aber die meisten Menschen recht hartnäckig widerstreben. „Unser physisches sowohl als geselliges Leben, Sitten, Gewohnheiten, Weltklugheit, Philosophie, Religion, ja, so manches zufällige Ereignis, Alles ruft uns zu, daß wir entsagen sollen."³) Aber „nur wenige Menschen gibt es, die, um allen partiellen Resignationen auszuweichen, sich ein für allemal im ganzen resignieren." Goethe gehörte zu den Wenigen; auch in den Zügen seines Gesichts stand diese schwer errungene Resignation geschrieben. Zwar klingen herrlich stolz die Empörer-Worte, die sein Prometheus gegen den Himmel schleudert, aber Das war nicht Goethes Gesinnung, sondern höchstens eine vorüberwallende Stimmung.*) Der Dichter wußte,

---

*) Übrigens wendet sich Prometheus zwar gegen Zeus und gegen kindliche Gottesvorstellungen, aber nicht gegen Gott; denn über Zeus und sich selbst stellt er zwei Höhere: „die allmächtige Zeit und das ewige Schicksal." Schicksal aber war in jenen Jahren bei Goethe ein Name für Gott, und die Zeit ist insofern mit Gott

IV. Die Frömmigkeit des Betrachtenden

wie ohnmächtig der Mensch ist; "uns hebt die Welle, verschlingt die Welle, und wir versinken." Er wußte namentlich auch, daß selbst unser bestes und klügstes Handeln keine Bürgschaft glücklichen Erfolges mit sich trägt. "Das Kluge und Rechte bringt nicht immer etwas Günstiges, und das Verkehrte nicht immer etwas Ungünstiges hervor, vielmehr wirkt es oftmals ganz im Gegenteil."[1]) "Es ist manchmal, als wenn Das, was wir Schicksal nennen, gerade an guten und verständigen Menschen seine Tücke ausübte, da es so viele Narren und Bösewichter ganz bequem hinschlendern läßt."[2])

Solche pessimistische Erkenntnis führte bei Goethe nicht zur Verbitterung, sondern zur Ruhe. Als er sich im Kriegsjahre 1812 mit dem deutsch-französischen Staatsmann Reinhard unterhielt, der eben Bruder und Schwester verloren hatte, da schrieb er den Satz: "So fühlen wir denn freilich, in welcher Zeit wir leben und wie h o c h e r n s t wir sein müssen, um nach alter Weise h e i t e r sein zu können."[3]) Der Optimist fühlt sich beständig getrieben, ja gehetzt zu immer neuen Versuchen, seine Umgebung, sein Volk und die Menschheit zu beglücken, zu bessern und zu bekehren; der Entsagende beschränkt sich still auf die Arbeit, die der Tag von ihm fordert und die seiner Natur gemäß ist. Er mischt sich namentlich nicht ein in die Angelegenheiten Anderer und erspart sich dadurch manchen Verdruß. Vor Enttäuschungen ist er sicher, weil er sich den Hoffnungen nicht hingab. Er schweift nicht rastlos als Weltverbesserer umher, sondern bleibt daheim und hat Zeit für das Heil seiner Seele. Fehlt ihm das Glücksgefühl, das Hoffnungen und Luftschlösser hervorrufen, so wird er doch

---

gleichzusetzen, als beide nur durch eine Veränderung der Dinge in die Erscheinung treten. "Die Gottheit ist wirksam im Lebendigen, aber nicht im Toten; sie ist im Werdenden und sich Verwandelnden, aber nicht im Gewordenen und Erstarrten." Zu Eckermann, 13. Februar 1829.

auch nicht von Sorgen und Befürchtungen geplagt; er lebt — in gewissem Sinne — nur in der Gegenwart und macht es sich vielleicht gar wie Goethe zur Regel, „niemals weder eine zunächst zu erwartende Person, noch irgend eine zu betretende Stelle vorauszudenken, sondern diesen Zustand unvorbereitet auf sich einwirken zu lassen."¹) Wieviel Mühe haben die Unsteten, die bald eine Hoffnung, bald eine Furcht, bald ein Glauben, bald eine Theorie, bald ein Prinzip hintreibt: wie der Sturm ein steuerloses Schiff! „Ich will nicht hoffen und fürchten wie ein gemeiner Philister!" ruft dagegen Goethe aus.²)

Was machst du an der Welt? Sie ist schon gemacht!
Der Herr der Schöpfung hat Alles bedacht.
Dein Los ist gefallen, verfolge die Weise,
Der Weg ist begonnen, vollende die Reise:
Denn Sorgen und Kummer verändern es nicht,
Sie schleudern dich ewig aus gleichem Gewicht.³)

Ein herrliches Vorbild fröhlichen Gottvertrauens hatte unser Dichter an seiner Mutter. Sie blieb auch in den Kriegszeiten, als die Mehrzahl ihrer Bekannten sich zur Partei der Hasenfüße schlug, ruhig und sogar scherzend an ihrem Platz, fütterte nacheinander preußische, hessische, sächsische, österreichische und französische Einquartierung und wurde mit Jedermann fertig. „Was Das alles am Ende noch werden soll", schreibt sie 1794 nach Weimar, „Das weiß glaube ich der größte Politiker nicht — genung wir sind in einem wirr warr — der nicht ärger seyn kann — Laßen wir das Ding gehen wie es kan — ängstigen uns nicht vor der Zeit — bringen unsere Tage so vergnügt zu als wir können — denn wir können dem Rad des Schicksahls doch (ohne zerschmettert zu werden) nicht in die Speichen greifen."⁴) Auch ihres Sohnes Ruhe ging bis zum Fatalismus. Es war nicht bloß Scherz, wenn er öfters meinte, man müsse treu im

IV. Die Frömmigkeit des Betrachtenden

Islam verharren, d. h. in unbedingter Hingebung in den Willen Gottes.[1]) Er hatte immer Verständnis für den sicheren Mut der Muhamedaner, den er übrigens auch bei christlichen Soldaten antraf: „Die Kugel, auf der mein Name nicht steht, wird mich nicht treffen." Die Lehre: „Kein Sperling fällt vom Dache ohne den Willen eures Vaters," leuchtete ihm ein; er behauptete einmal selber, daß unser Leben so lange dauere, wie Gott es vorausbestimmt, und daß kein Arzt oder sonst ein Mensch es verkürzen oder verlängern könne.[2]) Als er 1792 in Frankreich in einen Wagen zwischen ansteckende Kranke gesteckt wurde, wußte er „von keiner Apprehension." „Mir stellte sich, sobald die Gefahr groß ward, der blindeste Fatalismus zur Hand, und ich habe bemerkt, daß Menschen, die ein durchaus gefährlich Metier treiben, sich durch denselben Glauben gestählt und gestärkt fühlen."

Wir bemerken jetzt, die zur Heiterkeit stimmende Seite der Entsagung: Alles Sorgen und Grämen nützt nichts und „Es kann mir nichts geschehen, als was Gott hat ersehen." Aber Goethe lehrte noch Freudigeres: Der Mensch ist nicht bloß in Gottes Hand, sondern er wird von ihm so geführt, daß er auf höhere Bahnen und schließlich zu einer Erlösung gelangt. Gläubige Leute verkünden Das allerorten, aber Goethe sagt es eben nicht als Glaubenseifriger, sondern als ein Betrachtender, und damit bekommt die Lehre einen neuen Wert. Er lehrt solche Führung und Errettung in seinen beiden größten Werken, dem ‚Faust' und ‚Wilhelm Meister', und er selber bezeichnet diese Lehre als Kern beider Werke.[3]) Faust und Wilhelm erreichen nicht das Ziel, das sie selber sich in der Jugend setzten, aber ihre mannigfachen Erlebnisse werden ihnen zum Segen. Ebenso lesen wir in ‚Hermann und Dorothea' von der „Hand und dem Fügen Gottes", „der gute Menschen zum Guten leitet." Auch von seiner eigenen Person bekannte Goethe manchmal, daß er diese

Fügung und Führung

Führung erfahren. Zwar es ist schwer, "auch in späteren Jahren, wo eine freie Übersicht des Lebens gewonnen ist, sich genaue Rechenschaft von jenen Übergängen abzulegen, die bald als Vorschritt, bald als Rückschritt erscheinen und doch alle dem gottgeführten Menschen zu Nutz und Frommen gereichen müssen."[1]) Schon als Dreißigjähriger schrieb er in sein Tagebuch:[2]) "Wundersam! ich habe so Manches getan, was ich jetzt nicht möchte getan haben, und doch! wenn's nicht geschehen wäre, würde unentbehrliches Gute nicht entstanden sein." Eben Das fiel ihm besonders auf: daß Irrtum und Verfehlungen sich so oft als förderlich erweisen, weil sie oder ihre Folgen uns in eine harte, aber wirksame Zucht nehmen.

Unglück bildet den Menschen und zwingt ihn, sich selber zu kennen,
Leiden gibt dem Gemüt doppeltes Streben und Kraft,
Uns lehrt eigener Schmerz, der Anderen Schmerzen zu teilen,
Eigener Fehler erhält Demut und billigen Sinn.[3])

"Bei strenger Prüfung meines eigenen und fremden Ganges in Leben und Kunst fand ich oft, daß Das, was man mit Recht ein falsches Streben nennen kann, für das Individuum ein ganz unentbehrlicher Umweg zum Ziele sei. Jede Rückkehr vom Irrtum bildet mächtig den Menschen im einzelnen und ganzen, so daß man wohl begreifen kann, wie dem Herzensforscher ein reuiger Sünder lieber sein kann als neunundneunzig Gerechte."[4])

> Es freut sich die Gottheit der reuigen Sünder;
> Unsterbliche heben verlorene Kinder
> Mit feurigen Armen zum Himmel empor![5])

Solche Erfahrungen, daß sogar Irrtum und Mißgeschick zum Segen werden, stärkten Goethes Lebenszuversicht. "Ich bleibe bei'm gläubigen Orden!" rief er aus, als er in schwerer

IV. Die Frömmigkeit des Betrachtenden

Kriegszeit einem wehleidigen Weltschmerzgedichte hatte zuhören müssen.

> So düster es oft und so dunkel es war
> In drängenden Nöten, in naher Gefahr,
> Auf einmal ist's lichter geworden![1]

Im Alter erst recht tröstete er sich in Stunden innerster Erregung an dieser Ergebung und Zuversicht.

> .... Stund' um Stunde.
> Wird uns das Leben freundlich dargeboten;
> Das Gestrige ließ uns geringe Kunde,
> Das Morgende, zu wissen ist's verboten;
> Und wenn ich je mich vor dem Abend scheute,
> Die Sonne sank und sah noch, was mich freute![2]

Freilich: nirgends lehrt Goethe, daß Jedermann das gleiche schöne Ziel erreiche, gleichviel wie er hienieden sein Wesen treibe. Edles Streben und häufige Anstrengung werden von uns gefordert. „Man glaubt eine moralische Weltordnung zu erblicken, welche Mittel und Wege kennt, einen im Grunde guten, fähigen, rührigen, ja unruhigen Menschen auf diesen Erdenräumen zu beschäftigen, zu prüfen, zu ernähren, zu erhalten, ihn zuletzt durch Ausbildung zu beschwichtigen und mit einer geringen Ruhestelle für seine Leiden zu entschädigen."[3] „Ein höherer Einfluß begünstigt die Standhaften, die Tätigen, die Verständigen, die Geregelten und Regelnden, die Menschlichen, die Frommen. Und es erscheint die moralische Weltordnung in ihrer schönsten Offenbarung, da wo sie dem guten, dem wackern Leidenden unmittelbar zu Hilfe kommt."[4]

Doch auch an diesem Punkte überließ sich Goethe nicht allzusehr einem leichtfertigen Glauben. Wohl hätte er selber

Erlebnisse zu Dutzenden erzählen können, wo scheinbare Zufälligkeiten wie durch einen höheren Willen gelenkt wurden, und es haben ja auch Männer von großer Erfahrung — Goethe nennt hier in einem Atem Hamann, Plutarch und den Schuhmacher Steube in Gotha[1]) — das Walten einer gütigen Vorsehung wahrzunehmen geglaubt, aber es fiel Goethen doch auf, daß sich hier Glaube und Aberglaube kaum unterscheiden lassen „und daß man vernünftigerweise wohl tue, sich in diesen bedenklichen Regionen nicht zu lange aufzuhalten."[2])

V.
Die Arbeit.

Wer als ein Betrachtender auf die Kenntnis und Erkenntnis der Welt ausgeht und dagegen ein äußerliches Erobern, Besitzen und Beherrschen gar nicht anstrebt, wer also kein Tatmensch ist, kann doch viele Werke und Wirkungen hinterlassen. Er ist ja darum, daß er nicht herumfährt und dareinschlägt, nicht weniger lebendig; auch sein inneres Leben verbindet sich mit den Eindrücken, die er von außen empfängt; Gottes Schöpfung setzt sich in ihm fort, und er fühlt sich gedrängt, das in ihm sich Vollendende hervorzubringen, um sich davon zu befreien, um das Gewordene vor sich zu sehen und um es Anderen zu zeigen. So geht in ihm ein Zeugen, Ausbilden und Gebären vor sich, stets von neuem, so lange seine Kraft reicht.

Aber nicht in allen Fällen beobachten wir dieses natürliche Folgen von Ausdruck auf Eindruck, Ausgabe auf Einnahme; unter unseren Freunden sind auch solche, die immer schauen und lauschen, immer lesen und denken, immer lernen und forschen, aber nur wenig eigene Leistungen aus sich heraus stellen. Sie sind zu zaghaft, halten ihre Kenntnisse immer noch für unzulänglich, ihre Gedanken oder künstlerischen Schöpfungen noch nicht für völlig ausgereift; oder es glückte ihnen das erste Auftreten im Publikum nicht, oder sie erwarten einen Mißerfolg, sie sehen in ihren Mitmenschen eine stumpfe Masse, sie ärgern sich über die Macht der Schlechten; kurz: sie ziehen sich zurück und behalten ihr Bestes in sich. Wieder Andere bringen nur wenig hervor, weil sie allzu viel aufnehmen: immer wieder verwischt ein neuer Eindruck den vorigen, und die heutige Erkenntnis erstickt die gestrige. Wer ein Buch nach dem andern liest, viele Kunstwerke nach einander betrachtet, tausend Geschichten aus dem Leben in kurzer Zeit vernimmt, wird von dieser geistigen Überernährung nicht kräftig, sondern schlaff; ihm erscheint die Welt, die sich ihm in solcher Fülle anbietet, bald öd und leer.

Die meisten Menschen sehen sich freilich frühzeitig aus dem Träumen, Forschen und Grübeln zur Arbeit verwiesen, da sie nur dadurch des Lebens Notdurft gewinnen; Andere arbeiten freiwillig, um in angenehmere Verhältnisse aufzusteigen oder ihre Kinder zu erhöhen; wieder Andere werden durch Ehrgeiz zu täglicher Anstrengung getrieben, und in unserem heutigen Staatswesen gewöhnen sich auch die Söhne der Reichen zur Arbeit, denn sie müssen in jungen Jahren den Forderungen der Schulen genugtun und erreichen höhere Stellungen nur nach schweren Prüfungszeiten. Immerhin bleiben auch jetzt noch Manche übrig, die trotz ihrer guten Kräfte wenig arbeiten und wenig leisten.

Goethe selber stand in großer Gefahr, sein Leben und seine Gaben zu verzetteln. Sein Vater lebte von Zinsen, ohne Amt und Pflicht; er war ein „Kaiserlicher Rat" nur deshalb, weil er sich den Titel gekauft hatte. Der Sohn fühlte zur Dichtkunst und Schriftstellerei nicht geringen Trieb, aber das Geld, was zu jener Zeit mit Büchern und Theaterstücken zu erwerben war, konnte nur den Hungerleider zur Anstrengung reizen. Der Ruhm eines großen Dichters war freilich verlockend; neben Klopstock und Lessing genannt zu werden, war eine hohe Ehre, aber Goethe gewann schon mit dreiundzwanzig oder fünfundzwanzig Jahren den berühmten Namen und er bekam schon damals viel Gelegenheit, die Hohlheit dieses Erdengutes und die vielfältige Belästigung zu erfahren, die dem Ruhme wie eine Strafe folgt. Er sah sich wie auf Lebenszeit abgestempelt als den Dichter von ‚Werthers Leiden'; überall begegnete er dem Gerede über seine Jugendwerke und -streiche, als er längst ein Anderer war. Gewöhnlich kann ein begabter Schriftsteller die Leser immer wieder mit neuen vortrefflichen Werken erfreuen und sich am Beifall des Publikums erlaben; aber Goethe erfuhr früh, was für ein Wertmesser dieser Beifall ist. Ein paar Male antwortete die Leserschaft sehr lebhaft auf seine Gaben, in den allermeisten Fällen blieben die lieben Landsleute kalt und stumpf oder sie zeigten sich beleidigt, weil Goethe sie nicht mit den Speisen bediente, die sie von ihm erwarteten. Nun ist es noch ziemlich leicht, auf die Teilnahme der „großen Menge" zu verzichten, die man als Pöbel verachten darf; aber Goethe sah auch bei den Herren und Damen der feinsten Klassen und seiner eigenen Umgebung andere Dichter in größeren Ehren; z. B. wurden ihm in seiner nächsten Nähe vorgezogen der Theatermann Kotzebue, der Romanschreiber Lafontaine und der Humorist Jean Paul Richter.

Dann und wann erlebte er wahrhaftigen Dank für eine seiner Schöpfungen, öfter kalte Ehrungen von Leuten, die wieder geehrt sein wollten; bis ans Ende verfolgten ihn aber auch die Verdrießlichkeiten, denen kein Urheber eigenartiger Werke entgeht, zumal wenn er irgendwie den Neid der Zeitschreiber erregt.

So ward Goethe von der Arbeit, die ihm die natürlichste war, fast mehr abgeschreckt, als zu ihr ermuntert. Er mußte sich, wenn er trotzdem schrieb und herausgab, damit trösten, daß einige

Wenige ihn verständen und daß mit jedem Jahre neue Geschlechter an das Licht treten, unter denen sich künftige Freunde finden würden. Aber „meine Sachen können nicht populär werden", wiederholte er noch im Alter.

Noch weniger Glück als mit seinen Dichtungen hatte er mit den naturwissenschaftlichen Werken, auf die er sehr viel Zeit und Liebe verwandte. Auch seine vielfältigen Bemühungen auf dem Gebiete der bildenden Kunst blieben fast wirkungslos. Seine Zeitschriften fanden wenig Leser. Nirgends also vom „Publikum" her eine Verführung zum Schaffen!

Dazu kam, daß Goethe in seiner Jugend das eigentliche Arbeiten nicht gelernt hatte. Zwar fleißig war er schon als Kind gewesen, denn seine Seele war höchst begierig auf Wissenschaften und Künste, aber er hatte nur Das gelernt, was ihn reizte, und das Lernen fiel ihm leicht; er konnte sich ohne viel Mühe neben Anderen geltend machen, die von den Früchten angestrengter Arbeit zehrten. Eine öffentliche Schule besuchte er nicht; auch auf den Universitäten plagte er sich keineswegs mit vorgeschriebenen Arbeiten; ein wirkliches Examen ward von ihm nicht gefordert. Sogar in dem Berufe eines Rechtsanwalts, zu dem er nun überging, war die Anstrengung gering; er bemühte sich nicht um Aufträge, und von seiner wenigen Arbeit nahm ihm der Vater noch einen Teil ab; dem jungen Dichter lag nichts an diesen Geschäften. Mit vierundzwanzig Jahren hatte er seine Lehrzeit beendet und einen Beruf angetreten, aber er hatte eigentlich keine Wissenschaft oder Kunst ordentlich gelernt und war namentlich auch zum pflichtmäßigen und regelmäßigen Arbeiten nicht gewöhnt worden.

Er hatte auch schon die übeln Folgen solcher übermäßigen Freiheit erfahren, freilich ohne die Ursache zu erkennen. Der „Umtrieb" in seinem Inneren ward nicht an täglichen Aufgaben beruhigt; der Jüngling beschäftigte sich allzu viel mit sich selbst

Jugendjahre ohne Zwang zur Arbeit

und seinen Nächsten, quälte die Geliebte oder sein eigenes Herz. Er nannte sich selber einen Tollen, Unglücklichen, Verzweifelten, und Andere gaben ihm ähnliche Namen. Es kam dann die „Wertherzeit", wo „die Grille des Selbstmords, die sich bei einer müßigen Jugend eingeschlichen hatte,"[1]) auch unseren Poeten manches Mal mit einem kostbaren Dolche spielen ließ, der jeden Abend zur Hand neben seinem Bette lag. Als er in späteren Jahren auf jene Bedauernswerten zurückblickte, bei denen der Selbstmord zur fertigen Tat wurde, schrieb er: „Wir haben es hier mit Solchen zu tun, denen eigentlich aus Mangel an Taten, in dem friedlichsten Zustande von der Welt, durch übertriebene Forderungen an sich selbst das Leben verleidet." Und er fügt hinzu, daß er selbst in dem Fall war und am besten wußte, was für Pein er darin erlitten, welche Anstrengung es ihm gekostet, ihr zu entgehn.[1])

Zunächst rettete er sich aus dem bösen Zustande durch dichterisches Schaffen. Und diese ersten Werke brachten ihm viele Freuden und noch mehr Zerstreuung; der Kreis seiner Bekannten und Freunde ward sehr groß. Bald darauf geriet er nach Weimar an den Hof eines jungen Fürsten, der ihn rasch lieb gewann und zugleich sein Herr wurde. Karl August bedurfte der Freundschaft, der Führung, der Dienste Goethes; eben durch dies Bedürfen gewann er Gewalt über das Herz des älteren Gefährten. Goethe ward nun ohne gehörige Vorbereitung in ein hohes Amt erhoben; er wußte, welches Mißtrauen ihm, dem Fremdling und Günstling, von allen Seiten auf die Finger sah; er kannte die übeln Reden, die über ihn in Deutschland sich verbreiteten. Hier konnte sein Genie die Ehre des jungen Herzogs und die eigene nicht wieder herstellen, sondern nur: tägliche treue Arbeit, Hingabe, Aufopferung, Reinheit der Zwecke. Anfangs verließ er sich auf Redlichkeit und Reinheit: allmählich aber kam er auch ins Arbeiten hinein, in das ganz gewöhnliche

Beamten-Arbeiten an kleinen Aufgaben im kleinen Staatswesen. Er erkannte jetzt den Wert und die Annehmlichkeiten des sonst so viel verhöhnten Philisterdaseins; er gewann Liebe „zu der Klasse der Menschen, die man die niedere nennt"; er stärkte sich an „Menschen, die ein bestimmtes, einfaches, dauerndes, wichtiges Geschäft haben",[1]) und vor allen Schaffenden schien ihm der Handwerker glücklich, weil bei ihm das Geleistete am genauesten der angewandten Arbeit entspricht. „Wie beneid' ich den Töpfer an seiner Scheibe, den Tischler hinter seiner Hobelbank!"

Jetzt übernahm Goethe höchst reizlose Besorgungen, die viel Mühsal in Aussicht stellten. „Die Kriegskommission werde ich gut versehen, weil ich zu dem Geschäft gar keine Imagination habe, gar nichts hervorbringen will, nur Das, was da ist, recht kennen und ordentlich haben will. So auch mit dem Wegbau." ... „Der Druck der Geschäfte ist sehr schön der Seele: wenn sie entladen ist, spielt sie freier und genießt das Leben. Elender ist Nichts als der behagliche Mensch ohne Arbeit, das Schönste der Gaben wird ihm ekel."[2])

Um diese Zeit kramte er einmal in seinen Papieren, die er von Frankfurt mitgebracht, um „alte Schalen" zu verbrennen. Von vielerlei Streben, Ankosten, Versuchen zeugten diese Zettel und Hefte, aber auch von wenig Vollbringen, wenig Ausdauer!

„Stiller Rückblick auf's Leben, auf die Verworrenheit, Betriebsamkeit, Wißbegierde der Jugend, wie sie überall herumschweift, um etwas Befriedigendes zu finden. Wie ich besonders in Geheimnissen, dunkeln, imaginativen Verhältnissen eine Wollust gefunden habe. Wie ich alles Wissenschaftliche nur halb angegriffen und bald wieder habe fahren lassen. Wie des Tuns, auch des zweckmäßigen Denkens und Dichtens so wenig, wie in zeitverderbender Empfindung und Schattenleidenschaft gar viele Tage vertan, wie wenig mir davon zu Nutz kommen, und da die

Die weimarische Erziehungszeit

Hälfte des Lebens vorüber ist, wie nun kein Weg zurückgelegt, sondern vielmehr ich nur dastehe wie einer, der sich aus dem Wasser gerettet und den die Sonne anfängt wohltätig abzutrocknen.

„Gott helfe weiter ..., lasse uns von Morgen zum Abend das Gehörige tun!"[1])

Wenn unsere Augen erst geöffnet sind, bringt das Licht von allen Seiten auf uns ein. Goethe konnte sich nicht nur mit seinem früheren Ich vergleichen, sondern auch mit Seelenverwandten neben sich, die diese Diät der beständigen Berufsarbeit nicht anwandten. Zum Beispiel mit dem guten, talentvollen, aber auch ratlos tastenden Freunde Knebel. „Ich würde in dem geringsten Dorfe und auf einer wüsten Insel ebenso betriebsam sein müssen", schrieb Goethe ihm im Dezember 1781, und wenn Goethe sich selbst lobte, so wollte er gewöhnlich dem Andern eine Lehre sagen, ohne ihn geradezu zurechtzuweisen. Er fuhr fort: „Sind denn auch Dinge, die mir nicht anstehen, so komme ich darüber ganz leicht weg, weil es ein Artikel meines Glaubens ist, daß wir nur durch Standhaftigkeit und Treue in dem gegenwärtigen Zustande ganz allein der höheren Stufe eines folgenden wert und sie zu betreten fähig werden, es sei nun hier zeitlich und dort ewig."

In Goethes alten Tagen unterhielten sich seine Freunde Riemer und Friedrich v. Müller einmal über ihn, und Riemer äußerte eine Meinung, die er vielleicht vom „Geheimen Rate" selber gehört hatte: Weimar sei dem jungen Goethe sehr nützlich gewesen, weil es ihn gezwungen habe, solide zu werden. Diese Solidität war eben die Gewöhnung an tägliche Arbeit, die Bezwingung auch der unerwünschten Aufgabe und die zugehörige Einschränkung der Absichten und Wünsche. Es war die Abkehr von jenem Geniewesen, das mit dem Nichts-gelernt-haben und Nicht-arbeiten-wollen eng zusammenhängt.

V. Die Arbeit

Goethe setzte die Beamten-Fronarbeit, von der eben die Rede war, nur etwa sechs Jahre fort; sie widerstrebte auf die Dauer seinen angeborenen Gaben und Neigungen allzusehr. Aber er war doch durch diese Schule der Selbstüberwindung aus einem schwankenden Jüngling ein fester Mann geworden, und es kostete ihm nun keine Anstrengung mehr, der Fleißigsten einer zu bleiben. Zwar behielt er immer eine gewisse Schwäche seinen Aufgaben gegenüber; er ward ihnen immer wieder untreu, mochten es nun poetische Pläne oder Staatsgeschäfte oder wissenschaftliche Forschungen sein; aber da er nie in Trägheit versank, sondern nur zu neuen Gegenständen überging, so näherte er sich auf seinem Rundgang auch immer wieder den verlassenen Gebieten und knüpfte immer wieder ein neues Stück an das alte Werk, wobei denn Manches vollendet wurde, gar Vieles freilich auch als Bruchstück übrig blieb.

Immer sprach Goethe von der Arbeit mit höchster Achtung, nachdem er ihren Segen aus eigener Erfahrung kannte. Die Arbeit gehört zum Betrachten, wenn sich dies Betrachten auf Menschen und besonders auf das eigene Ich richtet, als eine notwendige Ergänzung und Berichtigung. „Erkenne dich selbst!" mahnen die Philosophen, aber ist es geraten, still, grübelnd in sich selbst hineinzublicken? Wie kann man sich selbst kennen lernen? Goethe antwortet: „Durch Betrachten niemals, wohl aber durch Handeln. Versuche deine Pflicht zu tun, und du weißt gleich, was an dir ist. — Was aber ist deine Pflicht? Die Forderung des Tages."[1])

Ein andermal zeigt er uns, wie wir die Gunst unserer Orts- und Zeitgenossen am sichersten gewinnen. „Die Überzeugung gilt es zu nähren, daß in jeder Lage des Lebens eine bestimmte Tätigkeit von uns gefordert wird und wir nur insofern etwas gelten, als wir den Bedürfnissen Anderer auf eine regelmäßige und zuverlässige Weise entgegenkommen."[2])

Und wieder ein ander Mal: "Im Arbeiten belohnen wir uns selbst."¹)

> Willst du dir ein gut Leben zimmern,
> Mußt ums Vergangne dich nicht bekümmern,
> Und wäre dir auch was verloren,
> Erweise dich wie neugeboren!
> Was jeder Tag will, sollst du fragen,
> Was jeder Tag will, wird er sagen.²)

Durch solche Arbeit überwand er die schmerzlichsten Eindrücke: als ihm die Gattin starb oder der Sohn oder Freunde wie Schiller und Karl August, oder als das Theater abbrannte, in dessen Raume so viele seiner Erinnerungen wohnten. Durch solche Arbeit kämpfte er das Krankhafte in sich nieder. "Seelenleiden zu heilen, vermag der Verstand nichts, die Vernunft wenig, die Zeit viel, entschlossene Tätigkeit alles.³) Durch solche Arbeit werden wir fröhlich, wie es der Schatzgräber⁴) erfährt, als er wie Faust "krank am Herzen" gleichfalls seine Seele dem Bösen verschreiben wollte: "Tages Arbeit" und "saure Wochen" führen die frohen Feste herbei.

Wir haben jetzt Goethes besten Rat vor uns: Des Menschen Heil ist ein immer strebend sich Bemühn in täglicher Arbeit, innig verbunden mit Besinnung und Betrachtung. "Denken und Tun, Tun und Denken, Das ist die Summe aller Weisheit. Beides muß wie Aus- und Einatmen sich im Leben ewig fort hin und her bewegen. Wer sich zum Gesetz macht, das Tun am Denken, das Denken am Tun zu prüfen, Der kann nicht irren, und irrt er, so wird er sich bald auf den rechten Weg zurückfinden."⁵) Das ist dieselbe Lehre, die der Volksmund mit drei Worten ausspricht: Eile mit Weile! Goethe fühlt sich als deutscher Protestant und stand dabei nicht bloß im Gegensatz zu den Katholiken, sondern auch zu den Engländern, die Geschäft und Religion so genau von einander zu trennen wissen wie

Werktage und Sonntag und deshalb eben den Sonntag um so strenger verleben. Goethe meinte, daß der deutsche Protestant dieses Ruhetages weniger bedürfe, weil er „der Natur seines Glaubensbekenntnisses nach einen Teil eines jeden Tages zu feierlicher Betrachtung aufgerufen wird."[1])

Unser Dichter war in mancher Hinsicht nicht zum Glücklichsein angelegt. Wenn er trotzdem verhältnismäßig glücklich wurde, viel glücklicher als sein Vater und seine Schwester, wenn er als ein weiser und heiterer Mensch im Gedächtnis der Nachwelt lebt, so verdankt er Das seiner Sachlichkeit und Gerechtigkeit, seiner Entsagung und Ergebung, seiner Arbeit und täglichen Pflichterfüllung. Er hat uns einmal in dem groß angelegten Gedicht ‚Die Geheimnisse' den Mann schildern wollen, der würdig sei, die höchste Stelle unter den Menschen einzunehmen: es war ein Pilger „ohne ausgebreitete Umsicht, ohne Streben nach Unerreichbarem,"[2]) der sich aber auszeichnete „durch Demut, Ergebenheit, treue Tätigkeit." Durch dies Gedicht wollte uns der Dichter „in den Gesinnungen befestigen, in welchen ganz allein der Mensch Glück und Ruhe finden kann." Und als er fünfzig Jahre nach seiner Ankunft in Weimar um ein goldenes Sprüchlein gebeten wurde, schrieb er die Verse nieder:

Liegt dir Gestern klar und offen,
Wirkst du Heute kräftig frey:
Kannst auch auf ein Morgen hoffen,
Das nicht minder glücklich sey.

Weimar. 7. Nov. 1823.   Goethe

Anmerkungen.

2 ¹) Vulpius an Nikolaus Meyer, Januar 1806.

3 ¹) Ich zähle Goethes Krankheiten im XI. Kap. meines Buches „Goethes Lebenskunst" auf; viel ausführlicher handelt darüber P. J. Möbius in seinem zweibändigen Werke „Goethe". Wichtig ist, da es die erste und bedenklichste Krankheit betrifft: „Des jungen Goethe schwere Krankheit: Tuberkulose, keine Syphilis", von Prof. B. Fränkel, Leipzig 1910. — ²) Vgl. Christianens Briefe an Nikolaus Meyer. — ³) Brief der Gräfin Josephine O'Donell vom 28. Okt. 1813. — ⁴) An Zelter, 29. Oktober 1815 und an v. Leonhard, 20. Oktober 1815.

4 ¹) v. Müller, Gedächtnisrede in der Loge „Amalia", 9. November 1832. — ²) An W. v. Humboldt, 17. Februar 1803. — ³) Brief vom 1. April 1794.

5 ¹) Vogel, Goethes physische Konstitution, Morgenblatt 6. Mai 1833.

6 ¹) An Karl August, 17. März 1788. — ²) 27. Mai 1787. — ³) Zu Boisserée, 5. Oktober 1815.

7 ¹) An Wieland, Anfang September 1788. Compelle: nach dem compelle intrare, nötige sie hereinzukommen, Lukas 14, 23. — ²) Von Schiller, 27. August 1794. — ³) Eckermann, 14. März 1830.

8 ¹) An F. C. S. Prinzessin von Solms-Braunsfels, 3. Januar 1812.

12 ¹) Zu Falk 1810.

13 ¹) Nach Goethes eigenen Worten, Campagne i. F., Pempelfort im November 1892. — ²) S. Annalen 1805.

14 ¹) Sprüche in Prosa.

17 ¹) Campagne in Frankreich, November 1792 in Pempelfort.

18 ¹) Biedermann, Goethes Gespräche 6. Mai 1827. — ²) Ital. Reise, 2. Oktober 1786.

20 ¹) Eckermann, 24. Januar 1830. — ²) An Fritz v. Stein, 16. November 1788.

21 ¹) Eckermann, 27. März 1825. — ²) An Frau v. Stein, 20. Dezember 1786. — ³) An Herder, 29. Dezember 1786. — ⁴) 21. Dezember 1787. — ⁵) Der Versuch als Vermittler von Objekt und Subjekt. 1793.

22 ¹) Naturw. Schriften. Der Versuch ꝛc. 1793.

23 ¹) Aus meinem Leben III, 13. — ²) 11. Juni 1822. — ³) Vgl. z. B. Brief an Ch. G. Heyne vom 24. Juli 1788.

24 ¹) Italienische Reise. 23. Oktober 1786. — ²) An Heßler. 24. August 1770.

25 ¹) An Karl August, Dezember 1784. — ²) Eckermann, 14. März 1830.

26 ¹) Zu J. G. Stickel, s. Biedermann V, 170.

27 ¹) Tasso I, 1. — ²) Shakespeare und kein Ende. 1813. — ³) In Kräutern und Gestein.

28 ¹) Diwan XI (1815). — ²) Theatervorspiel vom 19. September 1807. — ³) Prooemion. (Zur Naturwissenschaft I, 1.) 1816. — ⁴) An Lavater, 24. September 1779.

29 ¹) Brief vom 5. Mai 1786. Das gleich folgende „Physik" bedeutet nach älterem Sprachgebrauch die gesamte Naturforschung. — ²) Tages- und Jahreshefte von 1811. Zur deutschen Literatur 1827. — ³) An H. Steffen, 29. Mai 1801. — ⁴) Zur Naturwissenschaft im Allgemeinen. Bedenken und Ergebung. Um 1820. — ⁵) Gott, Gemüt und Welt 1815.

30 ¹) An S. Boisserée, 25. Februar 1832. — ²) Sprüche

in Prosa, Eth. VI, 629, nach 1832 veröffentlicht. Vgl. auch seine Erklärungen des „Faust' zu Förster, 16. Oktober 1829, und Eckermann, 6. Juni 1831. — ³) Sprüche in Prosa. Eth. IV (1825).

32 ¹) F. v. Müller, Goethe in seiner praktischen Wirksamkeit. — ²) An Zelter, 5. Oktober 1831.

34 ¹) An August v. Goethe, 5. Juli 1830. — ²) Eckermann, 14. April 1824.

35 ¹) Hermann und Dorothea III 47 ff. — ²) An C. F. v. Reinhard, 22. Januar 1811. — ³) Vgl. Biographische Einzelheiten, Kotzebue.

36 ¹) An Hotho, 19. April 1830.

37 ¹) An Karl August, 27. Mai 1787. Vgl. auch Brief an Ch. G. Heyne, 24. Juli 1788. — ²) An Jacobi 1813. — ³) Aus meinem Leben IV, 16.

38 ¹) Zu Eckermann, 25. Dezember 1825. — ²) An Frau v. Stein, 16. August 1808. — ³) 14. Nov. 1812.

39 ¹) Campagne in Frankreich, Anfang der „Zwischenrede". — ²) Zu F. v. Müller, 3. April 1824. — ³) Diwan VI, 39. — ⁴) Brief vom 6. Februar 1794.

40 ¹) Z. B. an Heinrich Meyer, 29. Juli 1816. — ²) Zu F. v. Müller, 12. August 1827. In der ‚Achilleis' sagt Zeus freilich das Gegenteil. — ³) Vgl. Eckermann, 18. Januar 1825 und 6. Juni 1831.

41 ¹) Campagne in Frankreich, Anfang der „Zwischenrede". — ²) 26. März 1780. — ³) In das Stammbuch des Fritz v. Stein, 1785. — ⁴) An Eichstädt, 15. September 1804. — ⁵) Gedichte. „Der Gott und die Bajadere".

42 ¹) Gedichte: „Gewohnt, getan." 19. April 1813. — ²) Elegie, 11. September 1823. — ³) Deutsche Literatur. Der deutsche Gil Blas, 1821. — ⁴) Deutsche Literatur. Des jungen Feldjägers Kriegskamerad, 14. Januar 1826.

43 ¹) Über ihn vgl. meine »Stunden mit Goethe« VII, 217 bis 226. Ich habe den Vorsehungs-Glauben Goethes dort selbständiger behandelt, als hier am Platze war. — ²) Der deutsche Gil Blas 1821. Übrigens spricht Goethe öfters auch die entgegengesetzte Erfahrung aus: „Wind, und Ströme, Donner und Hagel Rauschen ihren Weg Und ergreifen Vorübereilend Einen um den Andern. Auch so das Glück Tappt unter die Menge, Faßt bald des Knaben Lockige Unschuld, Bald auch den kahlen Schuldigen Scheitel."

47 ¹) Aus meinem Leben, III, 13.

48 ¹) Aus Briefen an Ch. v. Stein im Dezember 1777. — ²) Tagebuch 1. Februar 1779, 13. Januar 1779.

49 ¹) Tagebuch. 7. August 79.

50 ¹) Sprüche in Prosa, Eth. I, 2. — ²) An Riemer, 19. Mai 1809.

51 ¹) An Graf Sternberg, den 19. September 1826. — ²) Lebensregel. Zum 25. Oktober 1828. — ³) Wanderjahre. — ⁴) Vgl. Goethes Gedicht von 1797. — ⁵) Wilhelm Meister.

52 ¹) Zur ausw. Literatur. 1827. — ²) Vgl. Goethes eigene Erklärung des Gedichtes von 1816.

www.ingramcontent.com/pod-product-compliance
Lightning Source LLC
Chambersburg PA
CBHW021717230426
43668CB00008B/859